职场潜规则

孤独症及相关障碍人士
职场社交指南

[美] 布伦达·史密斯·迈尔斯　朱迪·恩多　[澳] 马尔科姆·梅菲尔德 著
Brenda Smith Myles　Judy Endow　Malcolm Mayfield

张雪琴 译

THE HIDDEN CURRICULUM OF GETTING AND KEEPING A JOB:
Navigating the Social Landscape of Employment

推 荐 语

"这本书聚焦于一个常常被忽略的领域，具有很强的实践指导意义。理解职场和社区环境中的潜规则，是孤独症青年的重要功课。另一方面，对于他们的雇主、同事、招聘顾问和其他任何帮助他们寻找合适工作的人，这本书也是一种有益的启发。雇主将更好地了解孤独症人士为了融入社会需要克服怎样的障碍和困难，因而愿意为他们做某种程度的让步。学习孤独症人士的语言对各个方面都会产生极大的影响。这本书就是对这一语言的完美翻译。"

——凯文·巴斯克维尔（Kevin Baskerville），荣誉教育学学士，
英国莱斯特郡孤独症外展服务、KB 孤独症服务经理

"这本书将那些灰色的社交规则处理得黑白分明，对于所有孤独症谱系的求职者或在职者，它都是一份重要而不可多得的指南。除此之外，书中也从不理解职场潜规则的孤独症员工的角度进行了独到的解读，对于孤独症员工的雇主和同事，它也是一个相当实用的工具。它还会给我们 AS Capable 的客户提供有益的参考，他们将借鉴书中的方法，更加自信地应对求职和工作中遇到的各种复杂的社会性期待。"

——维基·利特尔（Vicky Little），文学学士，
澳大利亚北悉尼 AS Capable 创始人、CEO

"孤独症社会的成员对于孤独症谱系个体面临的就业困境应该都有深切的感受。很多谱系个体处于无业或未充分就业的状态，生活贫困。《职场潜规则》正是他们迫切需要的一本书，能够帮助他们成功应对职场上各种不成文的规则和期待。所有正在找工作以及正在工作岗位上奋力挣扎的谱系人士都应该读一读这本书。它是我这几年见过的最有用的一本书，因为它探讨的是越来越多的人亟待解决的问题。真可谓雪中送炭。我会将它推荐给每一位孤独症领域的专业人士、孤独症人士及家庭成员和参与工作流程的相关人员。"

——凯茜·普拉特（Cathy Pratt），博士、博士级认证行为分析师，
美国印第安纳州孤独症资源中心

"作为一位孤独症女孩的母亲、从事就业服务的专业人员，我很开心看到有一本书可以帮助孤独症成人应对职场上的社交考验，从找工作到面试，再到保住工作。本书特别重要的一个部分是关于性骚扰的内容，它不仅有助于孤独症人士保障自身安全，也可以让他们避免因为不懂潜规则而产生的误会。对于所有孤独症成人，以及即将毕业准备进入职场的孤独症青少年及其家长，这都是一本有重要参考价值的书。"

——阿曼达·塔洛克－霍斯金斯（Amanda Tulloch-Hoskins），荣誉文学学士、研究生学历，13岁孤独症女孩的母亲，iModeling™（视频示范APP）共同创始人，
南澳大利亚阿德莱德就业服务公司项目经理

"找到工作、保住工作，对大多数人来说都是难事，对在社会认知方面有困难的人来说更是难上加难。布伦达·史密斯·迈尔斯、朱迪·恩多和马尔科姆·梅菲尔德在这本书中对这个过程做了深入浅出的阐释，给了我们急需的指导。书中有大量关于处理职场关系的具体建议和实用规则，这些内容不仅使本书成为潜规则认知困难个体的必读书，也会让每一位力

求提高自身求职与工作能力的职场新人从中受益。"

——马西娅·谢纳（Marcia Scheiner），阿斯伯格综合征培训及就业合伙企业（ASTEP）总裁

"这本为即将进入职场的孤独症人士写的手册简明而实用，它不仅推荐了许多实用的方法，也通过展示各种社交场景，揭示出普通职场社交的复杂性。对于每一位从事就业服务以及给社交障碍者提供支持和帮助的人，这都是一本必读的书。"

——凯瑟琳·马斯特斯（Cathryn Masters），应用科学学士（残障学），澳大利亚阿德莱德市

"迈尔斯、恩多和梅菲尔德三人珠联璧合，以务实而有针对性的方式，将与潜规则相关的建议和讨论带入了孤独症成人的世界。谱系读者可以从中学到很多处理职场问题的方法；而面对孤独症成人的服务机构则可以从中了解谱系个体的独特优势和特殊需要，知道如何为他们匹配恰当的职位，让他们顺利并持续地就业。"

——克里斯·菲勒（Chiris Filler），美国俄亥俄州孤独症及罕见病中心生命转衔中心项目主任

"如果你跟我一样，手下也有孤独症谱系员工，那么我建议你读一读这本书。你还可以让员工们也读一读，它将挑战并改变你们的沟通方式。它会让雇主明白，这些员工为什么总是不按常理出牌。它也会让谱系个体反躬自省，明白过去的面试为什么没有成功，问题出在哪里，未来可以怎样改进。它将消除你对聘用谱系人士的一些错误认知或畏惧心理，告诉你如何将这些有用的人才纳入麾下。"

——克里斯托弗·E·贝特（Christopher E. Bate），南澳大利亚 SA Built Environs 建筑公司（承接大型商业建筑）经理

推 荐 序

春节前接到来自华夏特教编辑的电话，希望我给他们即将出版的新书写个序。这是件非常荣幸的事，但我的心中也有不安，我27岁的儿子越越是一位孤独症谱系青年，他步入职场4年多，在这个过程中遇到了各种问题，这其中很多时候我们也是在摸着石头过河，有时甚至一筹莫展，实在没有大家期待的成功经验可以分享。好在编辑说，只要写出你内心真实的感受就好了！

几天后，我收到了《职场潜规则：孤独症及相关障碍人士职场社交指南》一书的译稿，翻开目录就一下子被吸引住了，捧在手中便舍不得放下，真正体会到了那种"我扑在书上就像饥饿的人扑在面包上"的感觉。

其中令我印象最深的是，这本书中列出了谱系青年在求职到入职这一过程中，以及入职之后面临的职场潜规则清单，配合着每条规则，都列出了详细的案例说明。可以说，越越在职场中遇到过的困难和问题，我都能在书上找到答案。比如以下这几点：

缺乏自主学习的能力。越越在入职后，作为新员工，被安排的工作任务不多。其他新员工会在空余时间自主学习进修。但他不能做出自我评估，进而查漏补缺，也没有观察其他员工的做法，没有"被安排任务"成了他入职后的第一苦恼。

压力管理问题突出。第一次独立完成任务后过了一天，越越收到了一封来自国外同事的邮件，内容是询问他"你的结果是怎么来的？"这封邮件把他吓坏了！因为他之前认为把结果发送后就是完成了任务，没想到还会收到这样的质询。虽然他后来将过程数据截图发送给了对方，对方也表示没有问题，完全可以接受。但那个时刻他感觉难以应对，还产生了逃避的心理，说这个工作自己做不了！

不能妥善处理被指正时出现的负面情绪。有一天，越越在工作上出了错，他的师傅纠正了错误，但越越却感觉受到了"批评"，很不开心，也没想办法缓解当下的情绪。结果在电梯里，当有人跟他寒暄问起近况如何时，他马上就抱怨起师傅来，全然忘了电梯里还有其他同事在场，再加上谱系人士说话直白，因而当时的气氛十分尴尬。事后等他冷静下来时，对这件事也十分后悔。

……

类似这样的事很多。

对像越越这样的谱系人士来说，在日常生活中自然而然地掌握职场潜规则，是不可能的，他们需要通过专门的学习和训练才能领会这些"不成文"的规则。学习职场潜规则对于谱系人士来说是至关重要的。即使他们有着出色的工作能力，但如果他们在职场生活中有太多不解与困惑，也会导致工作中出现一些问题，挫败感随之而来，打击他们在职场的自信心，更严重时他们也会因此焦虑不堪，萌生退意。

将一位有孤独症谱系障碍的孩子培养成职场人士，是一条漫长的路，也称得上是一项系统工程。不得不说，大多数谱系人士的就业之路是艰难的，但通过系统地学习和练习，他们可以克服其中一些困难。提早做充分的准备，能让孩子更有胜任感地开启职场生涯并更加适应。这本《职场潜规则：孤独症及相关障碍人士职场社交指南》能为谱系人士提供全面且切实的帮助。书中按照从求职到入职再到进入职场的顺序，详细地介绍了谱系人士在就业的不同情境中可能遇到的那些"不成文"的潜规则，并提供实用的策略教他们如何应对这些潜规则，比如：如何应对面试，如何在工作中进行压力管理，如何进行职场中的社交，等等。职场生活中琐碎且细致的小事，本书中都有提及。

这本书，是一本给家长的工具书，我在越越中学的时候就想过他将来要做什么，但却不知道如何领他上路，不知道有什么样的一片天空能让他试飞，而更缺少像这本书一样的指引，教会他掌握迎风飞翔的要领。同时，本书中那些涉及职场潜规则的小事例，也很适合像越越这样的青年人自己来读一读。越越自己也说，虎年的春天来临，他也很想有新的突破，这本书的出现对他来说无疑是久旱逢甘霖。

这本书，同样也适用于就业支持机构，成为就业辅导员的必读的培训用书。掌握职场潜规则，是每位求职和走向职场的谱系人士的必修课。这是本实操性很强的书，比如像书中"自我调节计划"一类的表格模板，在了解方法之后，就可以马上在生活中应用起来。

借写序的机会，我也想感谢越越的公司以最大的包容、善意和耐心来支持他，不然，这位虽然可以读完大专却不通人事的青年，是难以在职场生存下来的，而现在，令人欣慰的是，经过四年各方面的不懈努力，他对职业生涯正在形成自己的想法。

感谢华夏特教，总是能雪中送炭，翻译出版我们最需要的书籍，为这个群体提供越来越丰富的知识宝库，这本《职场潜规则》在出版后也将成为我在床头必备的一本工具书，随时翻阅。

何美芬（网名何子）

2022 年 3 月 7 日

何美芬，毕业于浙江大学，心理咨询师，从事心智障碍人士及家长的心理支持工作。曾担任以琳自闭症论坛版主，现为深圳市精神残疾人及亲友协会理监事成员。独子越越 2018 年参加 SAP 公司"自闭症人才计划"，是该计划在中国录用的第一名员工。

目　　录

第 1 章　什么是潜规则 ·· 1
　　员工手册上没有的潜规则 ·· 3
　　违反潜规则会有各种后果，有些很严重 ································ 4
　　理解潜规则有助于解决职场问题 ·· 5
　　情境很重要 ·· 6
　　小结 ·· 9

第 2 章　找工作 ··· 11
　　导师的作用 ·· 11
　　职业中介 ·· 15
　　职业康复 ·· 18
　　人脉关系 ·· 19
　　社交媒体 ·· 22
　　使用你的自然资源 ·· 24
　　制作简历 ·· 27
　　小结 ·· 29

第 3 章　面试 ··· 31
　　参加面试的注意事项 ·· 32
　　知道你的权利 ·· 39
　　小结 ·· 40

第 4 章　职业匹配及其他基本潜规则 …… 41

- 到岗即可投入到工作之中 …… 44
- 通过压力管理保持全天的工作状态 …… 47
- 理解社交需求并做出反应 …… 53
- 如何避免和弥补社交错误 …… 56
- 处理批评意见 …… 58
- 职场排挤 …… 62
- 小结 …… 63

第 5 章　工作中的潜规则清单 …… 65

- 一般规则 …… 66
- 仪容仪表 …… 67
- 考勤和病假 …… 69
- 交通 …… 71
- 工作环境 …… 72
- 工作任务 …… 74
- 职场交流 …… 76
- 别人说的那些可能让你觉得奇怪的话 …… 78
- 休息和午餐时间 …… 80
- 与同事的工作和社交关系 …… 82
- 与上司/老板的关系 …… 85
- 与公司有关的社交活动 …… 87
- 避免性骚扰 …… 89
- 小结 …… 90

关于作者 …… 91

第 1 章
什么是潜规则

某公司发邮件通知员工,一年一度的公司野餐会将在费尔莫公园举行。邮件上还说,这是一次休闲活动,请大家准备好过来开心玩耍。

这是马克第一次参加公司的野餐会。他入职近一年了,很喜欢技术助理的工作。孤独症既赋予他在工作中出类拔萃的能力,也带给他很多挑战。马克为野餐会做了细致的准备,他收拾出整整两大盒游戏,都是他自己爱玩的,有拼字游戏、桌面智力问答游戏、飞行棋、"愤怒的小鸟""龙与地下城"等,他还带上了野餐篮,里面装满了花生酱三明治和佳得乐饮料。可是,一到野餐地点,他就被同事莫名其妙拉到一边:"哥们,你搞错啦!"他这才发现,他们根本不玩什么桌面游戏,整场活动的餐饮也都有人承包了。

潜规则是一种隐性课程——因为它被认为是大家普遍知晓并理解或者人人都应具备的一套最基础的知识,所以它一般不会被直接传授,而是间接地反映在人们的期待、准则、态度、价值观、信念、用词、行为和其他以推断与假设传递出来的信息之中(Cornbleth, 2011; Jackson, 1968; Kanpol, 1989; LaVoie 1994; Myles, Trautman & Schelvan, 2013)。它也经常被称为"常识"。

由于这些信息没有被直接传递出来，对于马克这样不能自然习得或不能轻易从环境中识别出这些信息的人，它就是一个雷区，会引发各种出人意料的反应或行为。理解并遵从不成文的规则与期待，是我们一生的重要功课，而对成年人来说，理解并遵守职场上的潜在规则更是至关重要。这意味着我们必须进行自我评估、观察他人、解决问题、做出决定和寻求帮助（Landmark, Ju & Zhang, 2010; Wehmeyer, Gragoudas & Shogren, 2006）。比如，如果所有同事都带着记录本参加每周例会，那么好好观察或询问一下周围的人，你就会明白，开会时你要带好记录本或某种记录工具，因为在开会的过程中你是需要做笔记的。

我们运用技能的方式会随着对象、情境和环境的变化而变化。学习潜规则，就是学习这些不同的技能运用方式。对于那些无法识别不同情境之间微妙差别的人，以及倾向于刻板地遵循常规、死守规则而不知变通的人，学习潜规则将会大有裨益。

上面例子中的马克就没有理解公司野餐会的潜规则。一般来说，公司对野餐会的参与者有一定的期待，这些期待通常是不会被明确表达出来的，比如：

- 如果没有特别说明，公司一般都会提供餐食。如果公司要求员工带某种食品或让员工自愿报名带某种食品，那么，每个人都有责任带好自己应带的食物。你还可以问明具体要带多少。
- 如果你有饮食上的禁忌，可以自带饮食或在用餐后前往活动现场。有些公司会在邀请时问明参与者是否有食物过敏或其他饮食禁忌，如果你有这方面的任何特殊情况，告知活动的联系人，比如，哪种食物你不能吃，但你不必说明该种食物对你的身体有哪些具体的影响。
- 除非公司有特别说明，否则不要将自己的游戏带到野餐会上。
- 野餐会通常有一定的着装规范。如果你对此不甚明确，可以问问信得过的同事，看他们准备穿什么样的衣服去参加活动。

- 公司野餐会一般都有明确的起止时间。除非你也要参与活动前的准备工作，否则最好不要提前到场。同样，我们也不建议你最后离场。
- 在活动过程中，你可以感谢老板举办了这次的活动，还可以顺便闲聊几句，比如正在热播的电视节目、体育赛事等。但不要谈及公事，除非老板主动提起。

员工手册上没有的潜规则

马克的例子也说明人们对同一用词的理解并不一致，这是潜规则的又一个方面。也就是说，词语和短句的意思往往会因环境、因事、因人而异。马克知道自己要"准备好过来开心玩耍"，在他的理解中，这是让他带上自己觉得好玩的游戏，他没明白这句话只是想表达野餐会会很有意思。

本书按照从进入职场到参与工作的整个流程依次展开对潜规则的论述。这些潜规则广泛影响着职场中的社会交往、工作表现、职位晋升、人身安全等各个方面，甚至决定着一个人在一开始能否成功获得某个职位。

尽管潜规则是如此重要，但对那些毫无防备的"受害者"来说，在他们犯下社交错误之前，这些规则往往是"深藏不露"的——因为它们被认为是人所共知的"常识"，潜规则并不会出现在员工手册上。困惑和懊恼就这样产生了。

玛丽莎仔细阅读了员工手册并记住了她觉得适用于她的所有条款。她特别注意到，工作时间是不可以接打私人电话的。但当她因为在工作时间给男友发短信而被处以书面警告时，她非常生气，因为员工手册中并没有规定不允许收发短信。玛丽莎向主管指出这一点，主管觉得她无理取闹。这件事影响了两人的工作关系。

这样的事之后又多次发生。6个月后，玛丽莎没空外出购物，从公司带了两卷卫生纸回家，却因此被开除。面对主管的质问，玛丽莎再次拿出员工手册，指出上面只提到不能将办公用品带回家。她对主管说："卫生纸显然不属于办公用品。"最近一次的考核显示，玛丽莎的工作表现为"优秀"。

◎ 与玛丽莎的情况相关的潜规则 ◎

- 工作时间尽量避免私人活动，比如接打私人电话、收发私人邮件或短信等。可以问问主管，公司在这方面有哪些具体规定。
- 不要将公司中的任何物品挪作私用，否则会被视为偷窃。

违反潜规则会有各种后果，有些很严重

相比一些无关紧要的错误，有些错误更加引人注目，也更为严重。像玛丽莎这样的职场错误往往会招致领导的斥责，甚至劳动关系的终止。

潜规则还会涉及一些情节严重甚至违法的行为。某些特定的行为即便是违法的，通常也不会被明文写进常见的职场规范之中，所以也不会有足够详细的解释让思维刻板、信息泛化困难的学习者明白其中的利害。性骚扰就属于这种情况。请看下面的例子。

卡恩不理解他每天对女同事说的恭维话居然算性骚扰，并因此惹上了大麻烦。他每天都会对这位同事"美言"几句，比如"你的腿真漂亮""你穿紧身上衣好性感"之类。

最后，同事将这一情况报告给了老板。在之后的问话中，卡恩

不仅承认自己说过这些话，还自我辩护说他说的都是事实，没有问题。毕竟，别人总跟他说，说真话就不会有麻烦。

老板告诫卡恩，以后不要再说这样的话了。可卡恩一不小心还是说了，而且说的比之前更加过分。这一次，他依然觉得自己很守规矩，因为他确实听了老板的话，没有再说之前说过的话，他不过是说出了新的"事实"——他对那位女同事说："我要是你男朋友就好了，那样就可以和你上床了。"他最终因为这句话而被开除了。

◎ 与卡恩的情况相关的潜规则 ◎

- 性骚扰是违法的。它是指那些"不受欢迎的具有性意味的言语、视觉或身体行为"。如果你想恭维某个人，做一般评论即可，比如"你今天真漂亮"。此外，不要太频繁地恭维他人，那样会让你显得不够真诚。

理解潜规则有助于解决职场问题

潜规则中还包括知道怎样解决职场上遇到的问题。一般来说，这包括知道向谁求助以及何时求助。其中往往还涉及"指挥链"的问题。指挥链是一条自上而下，从公司高层延伸到低层（低至小时工）的职权线。有些员工对公司的指挥链缺乏了解，或者不知道何时应该遵守这些职权关系。请看下面桑迪的例子。

桑迪出差一回来，就整理好了报销材料，并送交了财务部。在与同事的聊天中，她得知两周左右可以完成报销流程，到时她会收到一张支票。

两周过去了，支票却迟迟没有收到。桑迪没有直接去找财务主管，而是跟身边几位同事说公司没给她报销。她甚至在她个人以及公司的社交媒体账号上表达了她的担忧。除此之外，她还建议同事不要参加最近的一次会议，因为他们可能会像她这样无法报销费用。每次提起这件事，她就来气，而且一次比一次火大。

财务部的一位同事试着帮她解决问题。一查才知道，桑迪的发票不小心流转到了错误的人手里。发现问题之后，财务经理专门找桑迪道了歉，并亲自送上了报销的支票。但此时的桑迪怨气已深，她直骂财务经理是个骗子，并继续对外散布一些不实信息。

◎ 与桑迪的情况相关的潜规则 ◎

- 如果工作中遇到问题，不妨找主管谈一谈。很多问题其实都是小问题，一到主管那里，很快就可以得到解决。

情境很重要

很多违反潜规则的行为之所以会出现，是因为个体没有将三个因素相互联系起来：（1）人物；（2）环境背景；（3）时机。考虑三者之间的联系有助于潜规则的泛化，如图1.1所示。而忽视三者的联系，即为彼得·韦尔默朗（Peter Vermeulen, 2012）所称的"情境盲"（context blindness）。

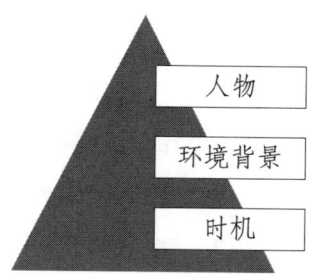

图 1.1　潜规则考虑因素

人物

即"谁"的问题。具体到职场中，不妨想想公司的指挥链或组织结构图。如图 1.2 所示，沃特金斯是部门或组织的领导，周是她的直接下属；同时，周又是雷奥、贝尔和穆娜的直接主管；沃特金斯、周和贝尔都有行政助理。一般来说，在组织结构中处于同级水平的人（雷奥、贝尔和穆娜）之间可以使用不那么正式的语言，但对指挥链中的上级或组织之外的人则需使用比较正式的语言。

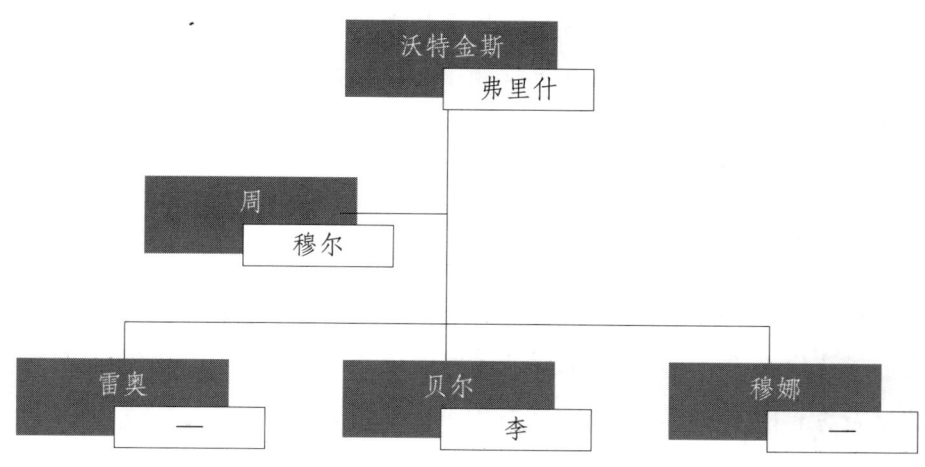

图 1.2　组织结构示范图

比如，同事之间私底下或在比较休闲的场合，如休息或午餐时，可以比较随意地招呼对方"最近咋样？"但对老板和客户，或者在开会时，则不能这样说，我们需要使用更加正式的问候方式。

如果你在完成项目的过程中有所疑问，需要别人的建议，一般来说，最好去找那个给你分派任务的人。在上图的例子中，贝尔得去问周。如果需要行政支持，可以去找你或项目的行政助理，去找别人的行政助理通常是有欠妥当的。还有，不要说同事的闲话，无论他们处在指挥链的哪个位置上。

环境背景

与工作相关的、比较正式的沟通应该在指定的工作环境中进行，比如办公室、格子间或会议室里。在刚刚进入工作区的时候，可以和对方简单聊聊偏私人性质的话题，如果是周一或周二，可以问对方"周末过得怎样"，如果你知道对方正期盼着某个活动的到来，也可以顺便聊上几句。这些闲谈可以为后面谈公事做好铺垫。午餐时或在休息室的谈话则往往是非正式的，大家会谈一些工作之外的兴趣爱好、可能感兴趣的活动以及类似的话题。而在公司组织的旅游或其他休闲娱乐活动中，比如在庆生会上，大家几乎毫无例外都会谈论与工作无关的话题。如果你对此实在没有把握，观察别人是怎么做的。

时机

奥运冠军卡尔·刘易斯说，人生就是时机。把握时机与很多因素有关，比如摸清他人的情绪状态。在请人帮忙、申请加薪或请假之前，你应该先确认对方心情不错，并且有时间听你讲话。如果赶在对方正在气头上、正在会见其他人、正在谈要紧事或正急着出门，你通常是无法取得积极成果的。日常工作时间也是一个需要考虑的重要因素。一般来说，你最好不要在下班前五分钟、开饭前或开会前找人说一些比较复杂的事。

小结

未曾言明的潜在规则、人们的期待、社交的准则，这些隐性内容影响着职场的方方面面。虽然能否理解并遵守潜规则可能不会直接影响到你的工作水准和工作表现，但它却关系到你最终能否保住工作。仔细的引导、在职支持服务、学会运用强大的观察能力，这些对于学习和理解潜规则都是必要的工具。

第 ② 章

找工作

在求职的过程中，找到空缺职位并不难，难的是为该职位做好准备、去努力争取并成功获得该职位。找工作的我们就像是寻找猎物的猎手。我们头脑中有猎物或工作清晰的样子，但对如何捕猎、捕到猎物以后如何处理，却多多少少缺乏头绪。

做好准备是获得职位的关键。要做的准备包括：

- 明确这一职位需要哪些技能和经验。
- 研究雇主希望员工掌握哪些技能和经验。
- 想办法掌握技能、积累经验。这可能需要导师、职业中介和培训机构的指导。
- 写简历、收集推荐信，尽可能吸引潜在雇主的注意。

在本章中，我们将逐一介绍与求职准备和求职过程相关的各个方面：导师指导、职业中介、职业康复、人脉关系、社交媒体、使用你的自然资源以及简历制作。

导师的作用

词典网（Dictionary.com）将"导师（mentor）"定义为"明智的、可信赖的顾问或老师""有影响力的、地位较高的提携者或支持者"。导师的引导因而被认为是一种智慧的传递。

在我们找工作的过程中，导师的引导也至关重要。"三人行，必有我师焉"，无论在什么样的情况下，你都可以为自己找到导师。我们这辈子会遇到各种各样的导师，从最初的父母、家人，到后来的老师、朋友，甚至敌人、萍水相逢的人，连影视剧和书里看到的虚构角色都可以成为导师。这里的关键，是找到一个可以引领我们走向成功的人，而且这样的人可能不止一个。

事实上，导师不一定非得是活生生的某个人。当你在阅读一本以求职为主题的书时，作者就会与你产生一种指导和被指导的关系，这本书也就成了你求职路上的导师。

生活中的大部分事情都是可以找到导师来引导的，教求职和保住职位的导师尤其好找。就像找其他东西一样，我们最好从自己熟悉的范围开始——从家人、朋友以及关心爱护你的人之中找起。这些人会鼓励和引导你迈出走向职场的第一步，也会带你结识更有经验的导师。而导师是学习潜规则的绝佳资源。

职业中介也是个寻找导师的好方法。那些能根据你的需要和特长提供服务的机构通常也会提供经验丰富的导师，他们能根据你的特殊要求，协助你做好求职准备，帮助你一起找工作。

虚心接受所有来源可靠的指导和帮助，无论它们以何种形式存在。然后，你很可能惊讶地发现，竟可以找到那么多导师陪你走这段人生的旅程。

小金精力充沛、才华横溢，对自己的长短处有着清醒的认识，也泰然处之。在完成土木工程的研究生学业以后，他向父亲的朋友乔安妮求教。乔安妮在一家中等规模的公司做工程师，经常在做礼拜时遇到小金，她答应做小金的导师。于是，他们制订了导师协议，规定了双方相处的具体细节。

乔安妮认为，小金对自己的孤独症有着坦率、清醒的认知，又有工程方面的专业知识，这是他的优势。经他同意，她从小金的角度代拟了一份求职信，其中将他的诊断情况和盘托出，希望这样做能帮他找到一个对孤独症有所了解或愿意了解孤独症也愿意为他适当调整工作环境的雇主。

小金给很多机构投了简历，但回复者寥寥，因为这个专业领域的竞争实在很激烈。然后，乔安妮得知，一家以多元化和雇用残障人士著称的机构正在招研究生，还是有薪酬的岗位。她正好在一次行业活动中与这家公司的代表有过接触，于是便将小金的求职信推送给了他。小金很快收到了该公司人力资源经理的回复，对方表示很愿意了解更多关于他的情况。

乔安妮辅导小金做面试准备。面试很顺利，对方很快通知他参加第二轮面试。最后，小金从100多名求职者中脱颖而出，成功获聘！

为确保小金适应新环境，乔安妮还陪他一起完成了第一天的工作。公司内部对孤独症人士也有专门的指导计划，随着这个计划逐渐介入并发生作用，乔安妮逐渐减少了对小金的支持。现在，只要小金需要，乔安妮仍然会在电话里给他出谋划策，偶尔还会去他的部门了解他的工作情况。她还和小金的部门经理保持着沟通，给他必要的支持和建议。小金现在还在这家公司工作，对这份工作也非常满意。

◎ 与小金的情况相关的潜规则 ◎

- 选择有相关行业经验的人做导师。导师应该具有如下特质：（1）胜任专业工作；（2）懂得人情世故，善于与职场中人打交道；

（3）有时间；（4）能与人坦诚交流。

- 与导师签订书面的指导协议，规范指导关系。一份好的指导协议应包括以下部分：（1）指导者和被指导者的姓名；（2）指导期限；（3）指导目标；（4）导师提供的协助；（5）被指导者承担的责任；（6）如何衡量学习成果；（7）如何以及何时进行沟通，包括沟通频率和时长，比如多久联系一次、每次联系多久；（8）保密性；（9）注意个人边界，避免谈论哪些话题；（10）如何解决冲突。提前做好约定可以减少后续指导过程中可能出现的问题，比如：避免被指导者过于频繁地联系导师或在不恰当的时间找导师。

- 如果你有多位导师，没关系，事实上这再好不过。他们是智慧的源泉，你从他们那里学到的东西越多，就越容易实现自己的目标。

- 书籍、电影电视和其他媒体中出现的真实人物或虚拟角色也可以是你的导师，因为他们带来的是创作者的经验。但如果你打算将这样的人物或角色当作导师，前提是你要知道他们遇到的情况是虚构的，也能够且愿意将其与你遇到的真实情况加以区分。

- 记住，导师是来给你做职业指导的。她之所以尽心帮你，是出于导师的责任，而非朋友或男女之情。把导师想象成其他任何角色，都可能会让对方感觉不太舒服，从而终止指导协议。你们之间是工作关系。但是，这不意味着她不能对你个人生活方面的问题进行指导，比如个人卫生问题、闲聊技巧等，因为这些问题最终可能会影响到你的工作。

- 虽然你和导师签订了指导协议，但这不意味着你要完全相信导师告诉你的所有内容，也不意味着你必须去做她建议的所有事情。你的任务是听取导师的意见，然后结合你的实际情况，判断它们的合理性，最终采用那些对你有用的建议。

- 导师只是帮助你提高技能去实现目标，但不能保证一定让你实现目标。你最终能否成功，还要看你自己的作为。

- 如果你对导师的意见有不理解的地方，没关系，不理解反而能促使你思考为什么不理解、怎样表达才更容易理解。导师也可以和你一起完成这个过程。任何疑问都可以提出来。哪怕你觉得理解了导师的意思，也最好再用自己的话向导师复述一遍，或举例说明具体的操作方法。

- 指导协议中应该有一条结束指导关系的"免责"条款。如果你在导师终止协议时与其发生不愉快或对其加以指责，这意味着你可能会掐断向他/她寻求指导的后路。

- 你也有权主动结束指导关系。在这一点上，你和导师是平等的。

- 不喜欢导师教的东西，不能成为你结束指导关系的理由。挑战你的思维和做事方式，本来就是导师分内的工作。你不喜欢某个建议，并不等于建议本身有错。

职业中介

职业中介是专门为你找工作的机构。但他们不一定有义务或有兴趣帮你找到你"想要"的或者适合你的工作。如果打算通过中介找工作，一定要多找几家愿意根据你的需要和兴趣提供服务的机构。

要知道，你和中介是以合作伙伴的关系签订协议的，目标是让你找到工作。这意味着默认双方要一起努力，共同实现目标。所以，如果中介觉得你在这个过程中并未出力，他们可能会收回承诺，终止协作。

现如今，存在社会认知困难的个体，比如孤独症谱系人士，有越来越多的机会接触到训练有素的中介机构。这些机构可以从个体的需要和兴趣出发，满足多样化的求职需求。你的导师或权利倡导者可以协助你联系这样的机构，让这些机构帮助你提升能力，找到合适的工作。

某机构是一家专为孤独症谱系大学生和谱系成人提供职业训练、安排就业的职业中介机构。谱系人士杰克是这家机构的一名客户。杰克45岁左右，辗转职场多年，饱受误解，郁郁寡欢，最终来到这里寻求就业服务。他发现，这里的员工理解孤独症人士，也很支持他，能帮助他找到个人优势、建立自信。

机构给杰克安排了服务专员，帮助他培养艺术方面的才能，并将它们往积极的方向引导。服务专员还给杰克提供职场人际关系的训练和指导，帮助他更好地理解周围的同事，提高社交技能，比如：在她的建议下，杰克去一个热门网站里看了很多面试视频，还参与了几次模拟面试，并录下了全过程。服务专员对他的各种能力表现提供了反馈。

她还建议杰克去当地一家报纸当志愿插画师。6个月以后，杰克在一家平面设计公司找到了工作。现在，他已经在多家著名报纸、杂志和网站上发表了艺术作品。得益于这一职业中介的干预指导，他对现在的生活非常满意。

◎ 与通过职业中介找工作相关的潜规则 ◎

- 职业中介与导师的作用各不相同。当你找到工作的时候，职业中介的服务就结束了，他们不会再关注你之后的工作情况，除非这是他们的服务项目之一。
- 虽然说是通过中介找工作，但最终能成功找到工作还得发挥你的重要作用。中介不过是为你和潜在雇主牵线搭桥，也就是说，他们为你打开一扇你自己无法打开的机会之门。但你得自己跨过门槛，表现出色，靠自己赢得工作的机会。一般来说，职业中介会希望他们的客户（你）至少做到以下几点：

    （1）利用好中介提供的每一次工作机会，哪怕你觉得某个工作"不够好"或不合适你。每一次职业经验都是在丰富你的个人简历。

    （2）完成中介推荐的培训和个人发展项目。这对你的长远发展有好处。

    （3）积极参加中介安排的面试，争取给潜在雇主留下好印象。如果是抱有"勉为其难"走过场的态度，面试人员一眼就能看出来。他们会觉得你在浪费他们的时间，而中介也会觉得你浪费了他们的努力。

    （4）积极配合寻找工作机会。你对未来的积极筹谋，会让中介感觉值得为你付出努力。

    （5）守时守约，准时和服务专员会面。这是对对方的尊重。如果你自己都不帮自己，中介也帮不了你。

- 中介有权在任何时候终止与你的合作。如果他们觉得你在求职过程中投入不够，他们很可能会将精力转移到那些更有希望得到工作的客户身上。
- 同样地，如果你没能从这家中介得到你期望的服务，你也完全有权换另一家更能满足你需要的中介。
- 中介不是你的朋友。他们服务于你，并从中获利。因此，邀请中介参与你的私人社交、在社交媒体上加他们为好友或试图与他们进行其他亲密互动都是不明智的。

- 在与中介签订合约前，你要仔细阅读合同条款。如果合同中规定你找到一份工作就要交一笔费用，或在很长一段时间内只能与他们一家中介合作，尽量别签。

职业康复

在美国，各州的职业康复（Vocational Rehabilitation）局负责为残障人士提供就业相关的服务，那些有严重残疾的人还会被优先考虑。社会认知困难的个体，只要有中等以上的智力（IQ）水平，大部分都是有资格享受职业康复服务的（Müller, Schuler, Burton & Yates, 2003）。

在澳大利亚，"职业康复"是指帮助伤残或病愈员工重返工作岗位的措施。澳大利亚的联邦政府残障就业服务（DES）网络承担着与美国职业康复系统同等的职能。职业中介机构和残障权利倡导者会通过竞标，争取政府资助，成为DES的授权服务商，给残障人士提供就业服务，帮助他们顺利进入职场。

其他国家也都存在某种形式的职业康复服务，为残障人士提供就业培训和就业机会。这些服务具体属于什么性质，问问权利倡导者或专管助残事业的政府部门就知道了。

社会认知困难的个体在初入职场时，如果在心理上或能力上还未做好准备，就可以去接受职业康复服务。职业康复服务可以帮助客户提高技能、增强自信，在开放或有支持的环境中工作。在有支持服务的环境中，即便有重度残疾的人也能在监管之下展开工作。

人脉关系

俗话说，有能力不如有关系。现实往往就是这样，这句话广泛适用于各种场景。

回到就业问题，你想找什么样的工作，当然就需要储备与之相关的知识和技能，但如果接触不到可能雇用你的人，就算你才高八斗，也不一定得到那份工作——这个时候，就要用到人脉关系了。人脉关系，就是为了互利互惠而与他人或组织建立的联系。

我们说建立人脉关系，实际上是指什么？

那么，怎样建立人脉关系呢？要知道，你一定是有办法让潜在雇主注意到你的。家人和朋友常常是绝好的人脉资源。导师、权利倡导者、职业中介、社交媒体和职业康复组织，也都是建立人脉关系的有效工具。与陌生人的一次对话也可能为你开启各种始料未及的人际联结。不过，请注意与陌生人讲话的潜规则，比如：避免分享私人信息，确保在安全的环境中展开对话。

你也可以通过直接找雇主的方式与他们建立联系，也就是通常所说的"上门求职"——直接去潜在雇主的办公地（也可以事先约好），求见经理或人力资源经理，跟他们谈一谈，看看这里有没有适合你的工作。要注意的是，一些公司只通过正规途径接见求职者。

那么，有社会认知困难的个体如何建立人脉关系呢？答案是，与其他人一样，而且要更努力、更用心。不过，有时这种人脉关系已经暗中埋好伏笔，你要做的只是发现它，然后投入其中。

玛丽去看望姐姐杰西卡，想和她聊聊工作的问题：她想找一个兽医助理的工作，但一直未能如愿。玛丽在半年以前就以优异的成绩拿到了兽医助理的证书，也成功获得了几次面试的机会，可惜都没有被录取。一位潜在雇主给她的反馈是"面试表现糟糕，大概率无法与来店里的宠物主人'打成一片'"。

玛丽来到姐姐家里，没想到家里正好有客人在，是住同一条街的邻居。三个人一起聊起天来，东拉西扯，渐渐说到玛丽没有工作的事。邻居透露说，她的弟弟是一位兽医，她很愿意把玛丽介绍给他。

几天以后，玛丽与那位兽医见了面。虽然他那里暂时没有职位空缺，但他与玛丽进行了一次模拟面试，还把她介绍给了他的兽医同行。玛丽听取了他的面试建议，并去他推荐的兽医处面试。三个月后，她被录用了。

◎ 与玛丽的情况相关的潜规则 ◎

- 建立人脉关系的潜规则与一般的社交潜规则基本相同。唯一不同的是，我们说的人脉关系是工作性质的。因此，在这种关系里应该避免谈论私人性质的话题。
- 保持关系的工作性质。一旦扯上私人问题，工作关系就可能趋于瓦解或消失。你的私人生活应该限制在比较亲近的社会关系之中。
- 如果你采用主动上门求职的方法，以下原则有助于提高求职的成功率：

    （1）把它当成一次面试。穿着得体，落落大方，自信而谦和。如果有作品集的话，可以随身带上，方便雇主查看。

    （2）避免给人留下自大、傲慢或挑剔的印象。雇主才是掌握局面的一方。如果带着十拿九稳的心态进门，你可能会十分失望地出门。

    （3）如果对方拒绝了你，礼貌地离开，或改用常规方式重新投递简历。被拒后还再三回去，会被视作"纠缠不休"，会让对方觉得你不适合就业。如果你坚持说你是来谈工作的，非见领导不可，还占着对方的接待区不走，那么你会彻底失去得到工作的可能。更有甚者，你还可能被保安或警察请出去。最糟糕的，你会被逮捕或收到法院的限制令，或两者兼而有之。

（4）上门求职的过程，也是一个拓展人脉关系、制造机会的过程。就算目前看来毫无结果，你也有可能会在之后被想起来。正因为过去某一次的毛遂自荐，未来机会可能就在不经意间来到你的身边。

- 不要偷偷跟踪或骚扰人脉关系中的任何人。如果某人目前不能帮你或不能给你工作机会，那是他们的立场，你理应接受。如果有人感觉你在骚扰他／她，那么他／她完全有权切断你们的联系，让你完全失去那一方面的机会和可能。

- 老话说，不要过河拆桥。这是很重要的一点，也适用于处理人脉关系，尤其是在工作或社交关系终结或发生某种变化的时候。它提醒我们，时刻保持礼貌和专业的态度，哪怕是在被人挑错、被调动或被解雇的时候。只要关系（桥）还在，你就有重新回来的可能。事实上，你在这种时候表现出来的良好风度反而有助于提升你在关系中的地位。

- 记住，世界很小。几乎你遇到的每一个人都可能成为你的导师，或掌握着某种人脉资源，可以帮助你找到工作。那个不小心撞到你的人、在咖啡店害你打翻咖啡的人，可能正是你想去的那家公司的人力资源主管。所以，如果你希望潜在雇主看到你良好的一面，记得时刻保持良好的形象。与人相处时，切记这一点。

- 人脉就是机会。人脉越广，机会越多，也越有成功的可能。

社交媒体

社交网络既可以是找工作的绝佳途径，也可能让你所有努力付诸东流。两者的区别在于，你如何应对社交网络中的潜规则。

根据个人兴趣的不同，用于建立社交网络的工具也各不相同，但所有工具归根结底都属于公共领域。无论你交友多么谨慎，只要是在社交网络上发表东西，那么它就是公开的，任何人在任何地点都是可以看到的。

社交平台已经成了雇主考察潜在雇员的得力工具。一条若无其事的"好友"申请，说不定就演变成对你所发表的内容和观点的审查。雇主很快就能识别你的真实面目，它可能与你在求职简历或面试中标榜的完全不一样。也许，你在面试中显得专业又得体，但在脸书上却吃喝玩乐、离经叛道。两相对照，面试者难免对你产生一种不信任感。

目前最热门的社交媒体当属"脸书"（Facebook）、"推特"（Twitter）和"领英"（LinkedIn）[1]。

"脸书"是专门的人际社交网络。用户通常会在上面分享个人的日常活动、兴趣爱好和思想观点。很多商业机构也用它来招揽客户。

"推特"是用来交流思想、情感和日常活动的社交网络平台。你可以用不超过140个字符的内容，表达你"此刻的想法"。它主要是名人明星用来与粉丝互动的工具。有人研究过它的推文内容，发现40%属于"无意义的絮叨"，38%为"交谈性质"，只有8%的推文"传递价值"（Kelly，2009）。这里也是大家容易说错话的地方，因随手发出的一段文字而惹上麻烦的人不在少数[2]。

"领英"是专门的职业社交网络，规模自称同类中世界第一。它采用一种"门禁"式的访问机制，要求你在联系某位职业人士时，需要事先与

---

[1] 编注：国内的热门社交媒体包括微博、微信朋友圈及其他相似的应用软件。
[2] 编注：国内微博平台机制与推特相似。

之存在直接的关系，或同时与第三方存在关系。它也因此而成为找工作的工具。你还可以在上面随时留意你关注的公司是否正在招人。

除此以外的职业社交网络还可参看：Ryze（www.ryze.com），一个连接商务人士，尤其是新手创业者的平台。

社交媒体的潜规则众多，不同平台适用不同的规则。比如，职业社交网络的规则就不同于一般的线上社交网络或兴趣爱好论坛。

爱德华多在一家会计师事务所上班，他工作努力，表现出色。他也常使用脸书，经常在自己的留言墙上发表一些随感文字，有时也谈及工作问题。他的线上朋友圈里有几位他的同事。爱德华多的文字基本人畜无害，甚至还挺风趣。但有一次，他觉得受到了部门经理的不公平对待——他给客户报税时犯了一个行政性错误（还不至于让客户惹上国税局的麻烦），被经理斥责了一番。从大多数旁观者的角度来说，这实在不算什么。

但爱德华多却在脸书上表达了他的感受，同时透露了客户的名字，还说了很多对经理的看法，语言恶劣，多有不敬之意。这些话最后传到了部门经理那里，他非常气愤，爱德华多居然"攻击"他的人品，还暴露了客户的信息。于是，他将此事告知了人力资源经理。很快，爱德华多因违反公司规定而被开除。

◎ 与社交媒体相关的潜规则 ◎

- 将你对于他人的种族、信仰、文化、少数民族身份等问题的个人看法放在心里。不要将它们发布到社交媒体上。无论你觉得公平与否，人们都会根据你发表的内容来评判你。

- 要认识到这一点：如果你在你的社交媒体主页上中伤他人，就会有被指控诽谤的风险，你可能会被告上法庭，并因此而承受重大损害。
- 留心"好友"们在你的留言墙或个人首页上的留言。如果发现留言有损于你希望展现给外界的个人形象，立即删除或隐藏。
- 记住，你要对你的社交媒体账号负责。无论何时，你都有权增加或删减上面的任何内容或"好友"名单。你也对"好友"们在你个人首页上的行为负责。
- 避免在个人首页飙脏话或表现任何反社会行为，哪怕你绝对相信你的"好友"们会保护你的隐私。
- 请注意，你的未来雇主、现任雇主，或任何他们认识的人，都可能存在于你社交媒体主页的"好友"名单里。你的一言一行，大家有目共睹，哪怕你已经离开原来的单位。所以，在发表任何照片或内容之前，请三思。有些公司在做聘任决定之前，也会先查看潜在雇员的社交媒体账号。
- 不要加入会让雇主或同事认为有争议的组织或订阅包含有争议性内容的主页。
- 除非你的工作需要你浏览社交媒体上的内容，否则，尽量不要在上班时间使用社交媒体。在一些公司，未经许可，在工作时间浏览社交媒体是要被开除的。

使用你的自然资源

要使用你的自然资源，你必须先知道你有哪些自然资源，以及怎样才能使用它们。自然资源，顾名思义，就是一个国家的矿产资源。当这一词语用于个人，它是指个人内在的知识、兴趣、能力以及任何能给他/她支持的外在资源。因此，导师、职业中介、社交网络中的联系人、朋友和家人都可以被当作外部的自然资源来使用。

当然，能否获得工作并长期保有工作，最终还是取决于个体本人，所以，你的内在自然资源才是最重要的。只是与人聊一聊你的个人爱好或特殊兴趣，绝佳的就业机会说不定就会找上门来。

下面，我们列出了一些与不同兴趣爱好相匹配的职业选择。当然，这只是一个示范，现实中能与不同的兴趣爱好相互匹配的职业远不止这些。你有哪些兴趣爱好？你觉得哪些职业可以与你的爱好相匹配甚至相成就？

好好研究一下，你有哪些选择。结果会让你大吃一惊。再看看怎样才能找到一个与你的兴趣爱好相得益彰的工作。请导师与你一起来分析，怎样才能将你的兴趣爱好转化成就业机会。

达拉斯从小就对火车特别感兴趣。父母每天都会带他去火车站观察火车。在那里，他乐此不疲地记录火车车厢的数量和类型、火车头的品牌和型号，也记录火车到站和离站的时间，回家后再将它们与列车时刻表上的官方时间相互比较。

达拉斯的父母完全认可儿子的这一特殊兴趣，把它当作他的一个自然资源，并给予持续的支持和积极的引导，比如给他买书、买模型以及买有关火车的录影带，不断丰富他在这方面的知识。

在父母的鼓励下，达拉斯最终选择将机械工程作为自己的大学专业，希望自己日后能参与设计并制造出更好的火车来。他的父母也帮他关注哪些公司会招收火车机车从业方向的机械工程师，并主动联系其中的大部分公司，给他争取实习的机会。

表 2.1 兴趣爱好与可能匹配的职业

兴趣爱好	可能匹配的职业
恐龙	古生物学家 古生物学家助理
历史	历史类图书管理员 家谱学会研究员 历史研究员
考古	考古学家 考古学家助理 博物馆馆员
绘画、艺术创作	平面设计师 插画师 建筑设计师
飞机	飞行员 领航员 空中交通管制员 航空工程师
昆虫	昆虫学家 园艺师
孤独症谱系	权利倡导者 导师 教育工作者
桥梁	建筑工人 吊车司机
汽车	机修工 机械工程师 交通流量统计员 汽车博物馆接待员 洗车员

达拉斯的实习工作非常顺利。大学毕业时，他在某工程公司成功就业。如今，他也因为在火车机械方面的丰富知识而备受同事和领导的器重。

与使用自然资源相关的大部分潜规则在本书的其他章节均有涉及，比如"导师的作用""人脉关系"等。不过，还有一些潜规则是这一主题所独有的，包括：

◎ **与自然资源相关的潜规则** ◎

- 精益求精，优化你的自然资源，增加求职成功的砝码。
- 通过研究、参加会议、与志趣相投的人聊天，持续探索你的自然资源。
- 找出哪些职业与你的兴趣爱好相吻合，然后寻求培训机会、发展必要的人脉关系，与提供相关职业机会的公司搭上线。

制作简历

一旦找到目标职位，就该正式求职了。请导师、职业中介（如果适用）和人脉圈中的联系人帮助你准备简历和求职信，尽一切可能，让你心仪的雇主注意到你。

简历中应该反映你的教育背景、工作经历（包括志愿服务和实习经历）以及你所受过的专业培训。如果应聘的是社会导向型的职位，你还应该适当多介绍一些你的个人信息。如果你需要比较好的简历样本，可以参看网站 http://www.resumetemplates.org。

求职信

在提交简历的时候，别忘了附一份求职信。求职信要有针对性，尽可能为每一份工作撰写专门的求职信。

求职信的第一段要说明写信的目的，包括你从哪里听说或看到了招聘信息、你对哪个职位感兴趣。第二段则表达你对该职位的兴趣，至少用三句话具体说明你是如何满足该职位所要求的条件（请使用招聘信息中的用词）。最后一段需要提一下你的简历，并提供你的联系方式。具体模板可参考网站 http://www.resume-resource.com/cover-template.html。

现在的简历大多要在线上投递，但这不影响上面提到的这些书写规范。如果可能，在提交线上申请时，最好能在你的简历中附一份求职信。

申请表

申请表是求职申请的一个重要组成部分，它会给招聘方提供求职者的具体信息。不管你的简历或求职信写得多么漂亮，如果漏填申请表，你的求职申请大概也是不会被考虑的。

如实填写申请表。但你也要知道，你填写的一些信息可能会导致招聘方对你的歧视。申请表上的一些个人信息其实是可以选填的。你可以将更为详细的情况留到面试时再说。

与求职申请相关的潜规则有很多，有些我们在前面的章节已经提及。下面是一些补充：

◎ 与制作简历相关的潜规则 ◎

- 制作一份标准简历，再为每一份工作准备专门的求职信。比如：根据所申请职位的不同，有时你需要强调你某部分的工作经历，但有时却要刻意淡化这个部分的经历。

- 多找几个人，问问他们是否愿意做你的推荐人。推荐人一般可以是老板或主管（不论是有薪酬的岗位，还是志愿者岗位）、曾经的大学老师或教授、现在的导师等。选择三位与申请职位尤为相关的人做你的推荐人。我们一般会在简历中提一句："如有需要，可提供推荐人。"这意味着你要做好准备，在面试方要求时随时提供推荐人信息。
- 求职信要简短但又不能太短，它需要包含所有的要点。面试者平常都很忙碌，太长的申请读起来比较费时，很可能被他们直接丢弃。同样，一封信息量不够的求职信也会让他们看到求职者的敷衍和懒散，最终也难免会被丢弃。
- 确保在求职信或简历中以某种形式谈及你如何满足职位描述中规定的各项主要条件。同样要注意言简意赅。
- 即使条件最好的求职者也可能求职失败。究竟谁能得到工作，决定权掌握在招聘方手中。如果你未被选中，那么到此为止，集中精力去寻找其他的工作机会。
- 在同一时间内，尽可能多投几份简历。比起求职不成便一无所获，已经找着工作而不得不拒绝其他公司的邀请，实在好太多了。
- 在求职过程中，始终保持礼貌、尊重他人和专业的形象。不尊重人或不够专业的求职者，是不会得到招聘方的青睐的。

小结

在导师、权利倡导者和职业中介的帮助下，为求职做充分的准备，提高求职成功的可能性。利用你手头能利用的一切，打造一份令人心动的简历，建立一个广大的人际支持网络，尽可能地让自己成功就业，去实现你的职业目标和职业抱负。

在找工作时，要考虑你的兴趣爱好。能从事与自己的兴趣爱好相匹配的工作，不仅能给你和你的雇主带来有益的回报，也能让你尽享工作的乐趣。

第 3 章

面试

求职过程中需要跨越的最后一个障碍，通常就是获得面试机会，以及在面试中让招聘方相信你就是他们要找的人。获得面试机会也是我们前一章讨论中所有步骤的最终归宿。也就是说，你首先要了解自己，知道你有哪些自然资源，从而确定你要走的职业道路（在这一过程中通常需要导师、人脉圈的指引以及职业康复组织的协助）。然后，你再通过导师、社交媒体、职业中介和人脉关系找到你想要的职位空缺。

而面试则是求职过程中最为复杂的一步。它所涉及的潜规则具有不确定性，会根据具体职位、公司企业文化以及面试官个人观点的不同而发生变化。

招聘方在发出招聘广告的时候，心目中已经有了理想人选的基本标准，包括这个人应该具有怎样的个性、能力和经验。面试就是他们衡量求职者是否符合这些标准的一个最有效的工具。

除此以外，招聘方还会有意无意地存在一些比较隐性的诉求，比如：希望员工有某种特别的个性特征，或在某些方面具有一定的经验，但这些期待都没有写进职位描述之中。被面试者从众多竞争者中脱颖而出的一个方法，就是发现这些未被明确表达的潜在标准，并予以恰当的回应，让自己更充分地契合招聘方的理念，提高面试成功的可能性。研究该公司的企业文化、与他们的正式员工聊一聊，可以帮助你发现这些隐性期待。

面试还有另一个作用。公司一般都会试着发掘那些有着独特技术和能力的员工，希望他们能在公司现有的发展目标和发展方向之外别开生面，带来超越同行的商业优势。面试正是找到此类人才的最有效的途径。

那么，面试中会有哪些潜规则，我们又如何识别这些潜规则呢？随便上网一搜，比如"面试时不该做什么"，你就能找到很多这方面的资源。此外，导师、职业中介、权利倡导者和就业培训机构也都可以对求职者进行专门的面试辅导。你可以通过查阅就业指南、搜索网络或熟人推荐来获得这些资源。

参加面试的注意事项

接下来，我们将从形象外表、行为举止、回答问题、追踪结果等方面对面试潜规则进行逐一的论述。此外，我们也会特别谈到面试官要遵循的潜规则。

◎ 与面试形象外表相关的潜规则（穿什么）◎

- 确定公司的着装规范。如果你的着装接近（不用完全相同）面试公司的风格，他们会觉得你和他们的企业文化比较合拍。你可以去公司的网站或宣传资料里找找他们的员工照。
- 穿着得体。如果应聘的是公司、行政或零售的岗位，即通常所说的白领职业，那么不论男女，我们都强烈推荐穿西服套装去面试。如果应聘的是生产或体力劳动岗位，那么可以选择商务休闲风格，比如，男女都可以穿有领衬衫加牛仔裤（没有破损或褪色），虽然女性可能更愿意穿裙子而不是牛仔裤。如果你对此有任何疑问，可以去请教你的导师，或者去公司的人力资源部问问他们希望来面试的人如何着装。

- 不要穿得过于随便，否则会让人觉得你对职位无所谓，对面试人员缺乏尊重。
- 如果你在身体上穿孔戴了首饰或纹了图案，面试前应予以摘除或遮盖，除非它们与你申请的职位正好相称，比如你申请的是文身师、美容师或在时髦酒吧的工作。否则，它们将成为你"不专业"甚至不尊重权威的证明，除非它们足够朴素低调。
- 确保你的卫生状况无可挑剔。有体味、口臭、头发凌乱、不刮胡须（男性）、牙齿不干净等通常都会被视作对面试人员的冒犯或不敬。

◎ 与面试时的行为举止相关的潜规则（怎么做）◎

- 提前10分钟到达面试地点。面试中绝不打岔，除非有紧急情况。
- 为遵守上一条规则，在开始面试前务必注意以下事项：
    （1）关闭手机和其他所有电子设备，以免干扰面试过程。
    （2）至少提前15分钟上好厕所。
    （3）如果你在嚼口香糖、烟草或其他任何东西，吐出来并丢到合适的地方。停止一切吃喝行为，处理好剩余食品及包装材料。
    （4）如果你有重要药品需要服用或必须接受其他治疗，务必在用药或接受治疗后参加面试。
- 记住，面试从你进入公司大楼时就开始了，到你离开大楼时才结束。很多公司的前台都秘密承担着面试任务，所以，你在进入面试房间之前在"公共"区域的一言一行都可能被报告给面试官，用以评估你的"真实"形象。

- 即使身体状况欠佳，也要坚持参加面试。这是一种有所担当的表现。如果面试方不希望你带病面试，他们会决定是否改期，但至少你到场了。

  例外情况

  如果你得了传染性的疾病或卧床不起，那么向面试方表达歉意并出示医院诊断证明，解释你不能参加面试的理由，并请求重新安排面试时间。这样会显得你办事周到、尊重他人，这是大部分公司都看重的品质。

- 注意你的身体语言。你在面试中的一举一动往往都会影响面试官对你的看法。比如：双臂交叉可能被理解为戒备或拒绝，眼神游移可能是无聊或走神的信号。让导师或擅长肢体语言辅导的培训师和你一起模拟各种面试场景，学习如何在面试中展现你的最佳体态。

◎ 与回答面试问题相关的潜规则（说什么、怎么说）◎

- 做你自己。面试方希望招聘的是一个真实的人，而不是为了迎合他们而伪装出来的人。欺骗也许能让你暂时获得职位，但日后一旦露出马脚，你就很难保住工作了。
- 不要因为获得了面试机会，就觉得这个工作岗位非你莫属了。这样会让对方觉得你傲慢自大，影响他们对你的聘任决定。要自信而有礼，多用谦和的表达方式，比如："如果我能得到这个工作……"
- 避免使用俚语、脏话，不要叫面试官"美女"来套近乎、也不要称前雇主"笨蛋"，这样会显得你很无礼，很不尊重人。用与面试官相似的语言，言简意赅地表达你自己。

- 如果面试官让你谈谈你自己，那就简要谈一谈你的职业发展历程，注意你的陈述内容应该始终与正在申请的职位相关，比如，你有哪些相关的证书，受过哪些相关的培训，有过哪些相关的工作经验，等等。对方可能会问到你的兴趣爱好，提前想好一个简短的介绍，点到为止，比如："我喜欢集邮和阅读——主要是阅读历史方面的书。"如果你参加过志愿者活动，比如在食物救济站帮忙、去养老院弹钢琴，那么也可以作为兴趣爱好提一下。但如果你的兴趣爱好是玩游戏，那么，除非你去面试制造或贩卖游戏机的工作，否则最好不要提起。避免谈到可能会让公司对你产生歧视的个人信息——详细情况参见本章最后一部分内容。

- 当被问到前雇主的情况时，使用积极的语言和表达方式。如果面试方看到你对前雇主持消极态度，难免想到未来你可能会以同样的态度评论他们。所以，你应该用积极的态度评价前雇主，比如："在××公司的工作经历对我非常重要。我从那里学到了很多团队合作的技能。"要避免消极评价，比如："××公司差劲得很，他们从不尊重我的付出。我很庆幸自己终于摆脱了他们。"

- 避免主动问起工资或待遇问题。这样做可能会让对方觉得你无礼和讨厌。招聘方给了你一个获得职位的机会，你应该表现你的感激之情。至于工资和待遇问题，几乎所有雇主都会在你接受或拒绝职位之前主动提出来。

- 知道自己有哪些长处和有待提高的方面。这样，在被问到"你有哪些优缺点"时，你可以从容应答。请提前想好这个问题的答案。"你在哪些方面还有进步空间？如何提高？""你比较擅长哪一方面？你如何让它变得更强？"如果你能很好地回答这两个问题，说明你认真考虑过自身的持续发展和进步问题。

提醒：不要细说你的缺点。你要尽可能成功地"推销"自己，而不是打消面试方录用你的念头。

- 避免表现出对对方产品的无知。你在面试前研究过对方的公司，所以，你对这一方面应该有所了解。不要在面试中问那些你可以在对方网站或公司册页上轻松找到答案的问题。
- 想好怎么回答这个问题："你还有什么问题吗？"提前对对方公司做全面的了解，至少准备三个问题，问问公司未来的发展方向和目标愿景。这样会显得你了解他们的公司，也有兴趣为他们的未来添砖加瓦。在网上搜索回答这个问题的方法，比如输入"面试时如何回答你还有什么问题吗？"，看看那些内容是否对你有所启发。

网络上的一些资源可以帮助你很好地练习回答常见的面试问题：

http://www.kent.ac.uk/careers/interviews/mockivs.htm 网站涉及在面试各种不同职业时会被问到的问题，也推荐回答的方法。在练习回答那些问题时，不妨先读一读他们建议的答案。

◎ 与情绪崩溃相关的潜规则（面试中如何避免情绪崩溃）◎

- 找到能让你保持冷静从而专心面试的东西。我们不建议在面试时使用听耳机、戴墨镜、嚼口香糖之类的方法，推荐使用小巧的解压球或能藏在手心里的其他感觉工具，只要它们不干扰面试过程就行。找到那些别人不易觉察、对你却很有效的解压工具。

- 在导师、教练或朋友的帮助下，练习在面试中保持冷静的方法。故意选一些让你有压力的情境，在这些情境中练习使用你的方法，确认它有效。然后，当你在面试中感觉情绪开始不稳的时候，运用你掌握的这个方法，恢复冷静积极的状态，继续面试。
- 放轻松。面试方其实也愿意帮助你顺利通过面试。你之所以能去面试，就是因为他们觉得你可以胜任那份工作。要相信自己有能力展现这种实力。

◎ 与网络面试相关的潜规则 ◎

- 记住，网络面试同样需要注意外表形象——穿着得体、仪容整洁。
- 移除镜头背景中的杂物，或者在身后遮挡一个空白的背景。否则，面试官会根据视野中的物品来评判你。
- 注意你的举止。因为在自己家里，所以你会比较放松，但也不要因此而随便，比如：反复出现抠鼻子、揉眼睛、抓痒等无意识的行为。保持举止得体，就像面试官就在你面前一样——的确就在你面前，不过隔了一个摄像头而已。
- 关掉所有可能产生干扰噪音的电子产品，比如手机、电视等，或调成静音模式。
- 如果你有室友，或与伴侣、家人共同生活，那么提前告诉他们你要在家接受面试，请他们不要打扰你面试。可能的话，请他们在那段时间暂时离开，确保他们不会影响你的面试。
- 在面试期间，不要在电脑上玩游戏、收发邮件、打字或做其他任何与面试无关的事。面试需要你百分百地投入。分心做其他事，是对对方的不尊重，也说明你对这份工作并不上心。
- 记住，关掉摄像头，面试才算结束。所以，在你随口说出对面试官或对方公司的任何意见之前，务必确认摄像头已经关闭。如果还在连线状态，你就口不择言，那么你很可能前功尽弃。
- 遵守所有与面试相关的其他潜规则。

◎ 与追踪面试结果相关的潜规则（面试后做什么）◎

（以下规则同样适用于投了简历但没能得到面试机会的情况）

- 在面试最后，问一问大概的后续流程，也就是说，你可以在什么时候、以什么方式收到面试方的回复。如果你在他们给定的时间内没有收到回复，先耐心等待一两天，再礼貌地向相关人员打听面试结果。但不要为这个结果去骚扰对方，不然他们很可能因为讨厌你而将你直接淘汰掉。
- 面试结束后，立即给面试官发短信或邮件表示感谢。你可以提前在网络搜索感谢信的模板以便及时发送。
- 如果对方通知你未被录用，接着去找下一个机会。也可以礼貌地要求他们给你一些反馈，但不要强求。
- 如果你投了简历但没有得到面试机会，你有权要求招聘方给你提供反馈信息。但招聘方可能会不予理睬或直接拒绝你的要求。如果他们拒绝，那么表示感谢，然后放手，做你该做的去。如果他们不予回复，也到此为止。任何其他做法都可能会被当成骚扰，这对你未来就业会产生不利的影响。在要求反馈时，注意以下几点：
    （1）搞清楚面试大概安排在什么时候。如果在给定的期限后一周内你都没有收到面试通知，那么，首先确认面试没有延期，然后，如果你显然已经没有机会，请他们给你反馈信息。

- （2）反馈请求最好采用电子邮件的形式。要体现专业性，也要简明扼要：说清楚你申请了哪个职位，礼貌地询问该申请为什么没有被考虑，并表示你希望从中吸取经验教训。
- （3）也可以打电话询问情况。但要注意，有些公司会觉得这样做太过直接了。

• 如果你收到了录用通知，恭喜你！录用通知一般会告诉你接下来应该做什么。

知道你的权利

大部分国家都有与反歧视相关的立法，这些法律适用于大部分的社会场景，包括面试。因此，面试方问你任何可能导致你被歧视的问题都是违法的。违法的问题涉及不同的主题，比如：是否处女、婚姻状况、年龄、健康状况、性别、性取向、种族、文化背景、宗教信仰、出生地，等等。总的来说，凡是私人性质的信息都在禁止提问之列。

当然也有例外，比如下面的规则条款中就有提到。此外，某些政府机构会将国家安全放在优先考虑的位置，它们可以不受这些规定的约束。还有那些不能使用童工的公司，他们可以询问你是否年满18周岁，尽管如此，他们也依然无权询问你的确切年龄。

• 面试方不能问你与性骚扰相关的问题，不能问你如果遇到性骚扰你会如何应对。如果你被问到这样的问题，礼貌地将话题转移到与工作相关的主题上，比如：可以谈谈你能给公司带来怎样的价值。如果面试方揪着这个问题不放，再次礼貌地表示你不会回答，因为它与你应聘的职位无关。

• 如果被问到歧视性问题，要避免直接向对方说该问题"违法"了。

这样会让双方陷入对立状态，严重限制你被录用的可能。相反，你应该礼貌而坚定地告诉对方，比如："我比较喜欢将工作和个人生活分开"或"你为什么问这个？"

- **警告**：如果你自己无所禁忌，主动透露这方面的信息，那么面试方可能会趁机问你更多这样的问题。在披露你的任何个人信息之前，请三思而行。
- 如果招聘方因为你提供的信息而对你产生歧视，进而没有录用你，那么你可以拿起法律武器。但是，在提起诉讼之前，一定要先做好法律咨询，因为如果你为这种事提出诉讼，会给人一种你动不动就要跟人打官司的印象，这样会加大你日后求职的难度。一般来说，比较好的方式是直接走开，庆幸你没有进一家会歧视你的公司。

小结

面试是求职过程中最为复杂的一步。它所涉及的潜规则具有不确定性，会根据具体职位、公司企业文化以及面试官个人观点的不同而发生变化。

公司一般都会试着发掘那些具有独特技术和能力的员工，希望他们能在公司现有的发展目标和发展方向之外别开生面，带来超越同行的商业优势。面试正是找到此类人才的最有效的途径。

第 ④ 章
职业匹配及其他基本潜规则

职业匹配被认为是成功就业的一个关键，无论对谁来说都如此，有社会认知困难的个体，孤独症谱系障碍个体尤其如此——当工作要求匹配他们的特长和喜好的时候，他们往往会有出色的表现（Schutte, 2009）。

格兰丁（Grandin）和达菲（Duffy）（2008）曾经根据视觉型和非视觉型思维者的不同学习方式，总结了与之相匹配的职业。同时，他们也找出了一些不太适合谱系人士的职业（见表4.1）。

表 4.1 对结构性及可预见性有高需求的视觉型和非视觉型思维者的职业匹配

职业匹配性好		职业匹配性差
视觉型思维者	非视觉型思维者	
制图技术员	会计	收银员
摄影师	图书管理员	厨师
驯兽师	程序员	服务员
平面设计师	工程师	赌场员工
珠宝制作师	记者	出租车调度员
网页设计师	库存管理员	空中交通管制员
兽医	统计员	期货交易员
汽车修理工	出纳	前台接待
机修工	排版师	机票代理商
灯光师	实验室技术员	行政助理
景观设计师		

研究者豪林（Howlin）、阿尔科克（Alcock）和伯金（Burkin）曾对89位高功能孤独症成人所从事的工作的种类进行过分析，试图以此来量化高功能孤独症人士的职业匹配概念（2005）。表4.2展示的正是这些人的工作种类、具体职位以及各工种占总人数的比重。

表4.2　89位高功能孤独症成人的职业分析

工作种类	具体职位	占比（%）
执行/技术	统计员、药剂师、研究员、摄影师	8.0%
职能	档案管理员、会计等	22.0%
技术辅助	图书管理员、财务、技术员	13.0%
数据录入	打字员、资料录入员	6.0%
数据管理	IT分析师、网站设计师	3.5%
办公文员	办公室、银行等的文员	19%
文秘	医院、大学的行政助理	1.5%
店员	客服代表、旅行社社员、公共交通司机、收银员	8.0%
仓库	货架存货管理员	6.0%
邮政	邮递员、邮件分拣员	4.0%
"其他"	护工、幼儿园辅助人员、通信员、园艺师	7.0%
餐饮	主厨、帮厨	1.5%
保洁	大楼勤杂工、餐厅勤杂工、客房清洁工	0.5%

这些工作中有很多都比较结构化，也遵循固定的常规，还契合某种兴趣爱好——这些都是保证孤独症个体找到合适工作的重要特征（Hagner & Cooney, 2005）。研究人员和从业人员进一步得出结论，当高功能孤独症成人在工作中很少需要社交或只需应对非常结构化的社交时，比较容易取得职业上的成功。比如：如果能有导师（见第二章）给他们详细解释工作的

职责、要求、规范和各种规则，谱系员工就会对工作产生一定的预见性，就能比较有条理地展开工作。表4.3列举了让谱系人士成功就业的一些关键因素（Dew & Alan, 2007; Hagner & Cooney, 2005; Hurlbutt & Chalmers, 2004）。

表 4.3　谱系成人成功就业的关键因素

- 工作日程和工作职责始终如一
- 有导师的持续指导，包括解释具体的工作职责、人们的期待，以及与工作效率、休息时间、工作任务、社会交往、寻求帮助相关的各种规则
- 可预见的社交需求
- 有一套追踪工作进展的方法
- 每天的午餐、休息时间和其他非结构性活动有固定而可预见的常规
- 每天开始工作前有时间调整身心、做好一天的工作计划
- 在与人直接沟通时有机会向对方澄清和核实信息
- 事前有提醒，事后有肯定
- 有同事能主动发起互动并留神关照他们
- 如果有外来的支持服务，这些支持和服务最终可以移交到导师和同事手中

在各类残障人士中，典型孤独症和高功能孤独症成人的就业率最低，分别为6%和12%[1]。此外，高功能孤独症谱系成人即使成功就业，在职时间也很短。显然，职业匹配已经不仅仅是传统概念中的人岗匹配了。很多人其实是可以轻松驾驭工作本身的，但他们却饱受工作环境和复杂多样的日常人际状况的困扰，这些问题甚至决定着他们能不能保住工作。因此，职业

---

[1] 编注：数据信息来源于英国国家孤独症协会（National Autistic Society）。

匹配的概念必须在原有基础上加以扩展，我们还要考虑更多的潜规则因素。

接下来，我们来看一看目前已知的困扰孤独症及其他社会认知困难个体的几个与工作相关的基本潜规则因素（从专业上来说，他们完全可以胜任工作）：（1）到岗即可投入到工作之中；（2）通过压力管理保持全天的工作状态；（3）理解社交需求并做出反应。

到岗即可投入到工作之中

有一条潜规则很少被提及，除非有人违反：员工应该准时到岗，到岗即可进入工作状态。对于大部分员工，这意味着到岗时精神饱满，个人卫生状况良好，穿着舒适并符合着装规范，能放下个人思虑和事务，全情投入到工作中去。

孤独症个体的神经系统不能自动对身体的其他系统（感觉、情绪、运动）进行有效的调节（Endow, 2012），所以，他们往往必须有意识地做好准备，才能保证到岗即可投入工作状态。比如：70%以上的孤独症个体存在睡眠障碍（Polimeni, Richdale & Francis, 2005; Rzepecka, McKenzie, McClure & Murphy, 2011）。虽然大部分人都会遇到某夜没睡好、上班没精神的情况，但我们知道下班后可以补个觉，或者晚上早点儿睡，一天也就过去了。但很多孤独症个体的睡眠紊乱远不止偶尔失眠那么简单，它会影响白天的工作状态。如果是这样，就必须想办法保证有个好睡眠。建立稳定的睡眠常规，傍晚到睡前避免摄入咖啡因，泡个舒服的澡，听舒缓的音乐，让医生推荐一款助眠的非处方药，都是可以尝试的办法。

另一件需要认真考虑的事是出门上班前的常规。大部分人觉得建立上班前的常规，包括洗漱、穿衣、吃早餐，对他们很有帮助。有人还会在常规中加入更多活动，比如打扫和整理屋子、收发邮件、看新闻、散步或做一些运动。一般来说，孤独症个体不会自然而然地履行这些基本的每日常规，他们必须运用意识，有计划地让自己去遵循这些常规。每天给自己留出足够的时间，完成出门前的整套常规，让自己一到工作地点就可以立刻进入工作状态。这种上班前常规一旦建立起来，就可以帮助孤独症个体满足自我调节的需要。

同样地，下班后也应该建立起类似的常规。很多孤独症个体无法在工作日给自己安排社交活动，因为一天的工作已经足够紧张，再安排活动他们就超负荷了，很容易陷入失调的状态。也有人可以稍微参加一些社交活动，或者参加只有几个人或在比较安静的氛围中开展的活动。所以，我们有必要确定，在不影响第二天工作效率的前提下，一个工作周内可以安排多少社交活动。

还有一个需要考虑的因素是工作周内可以安排多少外出办杂事的时间，前提也是不影响自我调控，能保持正常的工作节奏。很多孤独症个体选择在休息日处理杂事，这样就不必担心影响平日的工作了。

除了出门办事，家务活也需要做好安排。如果你每天要花很多时间进行自我调节，那么将打扫、洗衣、买菜、做饭放在休息日是比较可取的做法。

在工作日，特里斯会将闹钟定在早上5点，也就是出门前的两小时。起床后，他一边喝咖啡，一边收邮件。他还会在网上玩拼图游戏到5:45。然后，他开始准备早餐。早餐通常是一碗速食麦片、一根香蕉和一点酸奶。吃饭的同时看一会儿电视上的早新闻。看完天气预报，特里斯起身将餐具放进洗碗机，把咖啡壶冲洗干净，然后刷牙、剃须、用体香剂，再穿好衣服（他晚上洗澡）。接着，他整理床铺、梳头、戴上手表，顺便看一下时间。他几乎总能在6:45之前完成所有准备，这让他有充裕的时间选择走最长的路线去上班。

特里斯在一家大公司的收发室工作，公司的办公地点在一栋大楼里。他非常喜欢走路去上班，这让他有机会做好自我调节。他有三条不同的上班路线，每条路线耗时稍有差异。在下雨或天气寒冷不适合步行的时候，他会开车上班，然后在19楼的走廊里走几圈，那时大部分员工还没有来。

他会在正式开工前的10～15分钟到达工作岗位。他是特意早到的，因为他喜欢先看一下当天的工作任务提示——在他的工作区贴着一张纸，上面写着每天的任务安排。每天的大部分工作都按常规进行，但在上午十点这一个小时的时间里，他的工作任务不太固定，需要完成三件任务中的某一件。

看完任务提示，特里斯会脱下外套挂起来，再去休息室看一会儿电视，通常这个时候，早新闻快播完了，他能看到最后几条体育新闻。然后，他走向他的工位，途中会跟两位同事打招呼。完成一天的工作后，他会步行回家。

下班后的时间，特里斯也有一定的常规。到家后，他会先在电脑上玩一会儿游戏，同时喝一罐可乐。接着，他准备晚饭，再边吃晚饭边看晚间新闻。每周二、四，他会在晚饭后去基督教青年会游泳。每周一、三，他一般会在家看一两个小时电视，然后刷一会儿社交软件，给姐姐、妈妈或朋友打个电话，玩一会儿电脑游戏，或用一会儿iPad。每周五晚上，他会和两位朋友在某个购物中心见面，在那里的美食广场聚餐。他们有时会去购物中心的电影院看电影，或去游戏大厅打游戏，也可能随便逛逛商店。特里斯很享受每周一次的欢聚，但他也知道，这样的活动如果安排在工作日晚上就不太明智了，因为第二天他还要上班。要知道，每周五他总要比平时晚睡好几个小时，因为购物中心的环境刺激让他的身体久久无法平静。他必须在自己安静的公寓里独自待上几个小时才能上床睡觉，否则根本睡不着。特里斯已经掌握了自我调节的技巧，知道应该怎么做才能保证一切就绪，随时进入良好的工作状态。

◎ 与特里斯的情况相关的潜规则 ◎

- 员工必须到岗即可进入工作状态。
- 员工必须提前到岗，有足够的时间安顿下来（挂好外套、跟同事打招呼、上好厕所等），保证一到点即可开始工作。
- 在接受邀约或参加活动之前，员工必须先想想下班后的社交活动对第二天的工作会有什么样的影响。

通过压力管理保持全天的工作状态

由于大部分孤独症个体的神经系统常常不能自动发现压力信号并维持身体的稳定状态，他们不得不有意识地管理自己的压力状态，维持全天的工作状态。为了避免在不知不觉中走向失控，他们需要用一些方法来监测自身的压力水平。此外，他们也可以未雨绸缪，针对不同的压力水平，预先制订相应的调节计划，以备不时之需。这样做可以帮助他们克服孤独症带来的影响，成功应对工作中遇到的千变万化的问题。

莉利亚是一名税务会计，虽然工作很顺心，但她还是经常受到压力的困扰。为了掌握自己的压力情况，她学会了通过行为来识别压力。随着压力的不断上升，她的视觉会逐渐出现问题。在最初阶段，她不一定能马上察觉出异样。但当某些行为开始出现的时候，她就很容易知道自己当时的压力水平处在哪个位置，也能及时采取相应的调节措施。

在处于低水平压力时，莉利亚会摘下眼镜。当开始揉眼睛的时候，她知道自己正处于中等压力之下。而当需要用纸巾擦拭流泪的双眼时，她的压力水平已经处于高位了。

将这些具体而容易观察的行为与一定的压力水平相匹配，莉利亚能准确监测出自身的压力水平。然后，她会采用已知的对该级别最有效的调节手段进行自我调节。表4.4就是她的自我调节计划表，其中第一列展示的正是她的行为与不同压力水平之间的对应关系。

莉利亚每天会定时使用这份调节计划，根据当时的压力水平，采用对她来说最有效的调节策略。除此之外，她还针对不同层次的压力水平，准备了自我提示，告诉自己遇到不同情况应该如何反应。与大多数孤独症人士一样，越是紧张，她就越无法灵活处理工作常规的变化和干扰因素，但她发现，只要随时运用准备好的自我提示（见表4.4最后一列），她还是比较容易克服孤独症带来的这个特殊影响的。

而那些需要更多支持的个体，则往往需要一份"路线图"，即针对每个可能遇到的问题，给出具体的对策。这样做能最大限度地保证他们的工作效率，也有助于他们遵循职场的潜规则——保住工作，这两点往往缺一不可。

这份路线图就是通常所说的"孤独症综合计划系统"（CAPS; Henry & Myles, 2007）。它遵循自主的原则，不仅解决自我调节和潜规则的问题，也考虑工作本身是否需要做某些适应性调整。在极简形式下，CAPS是一张包含以下内容的网格：

- **时间/活动**。这个部分是指各种日常活动及其时间，包括到岗、休息、午餐、会议、工作任务以及下班的时间。

表 4.4　莉利亚的自我调节计划

压力水平	调节计划	自我提示
高： 咬紧牙齿； 双眼流泪； 看不懂书面文字。	正式休息一下： · 关上办公室的门并锁好 · 关掉闹铃和照明 · 戴上耳机躺在瑜伽垫上 · 听 13 分钟的自然音乐	意外事件会像闪电一样击中我。 做：停下手头的事，深呼吸。不要嚷嚷"不行""不要"。 说："让我先想想，等会儿再回复你。"
中： 胡乱敲击电脑键盘； 揉眼睛； 理解书面文字时出现延迟。	增加调节手段： · 播放白噪音 · 关掉头顶的荧光灯，打开台灯 · 起来走动一下（上个厕所、发个快递、添水加茶）	意外事件会让我心烦。 做：努力保持微笑；展现积极友好的身体语言。 说："好的""可以""我把它加到待办事项里""我待会儿再回复你。到时如果我有问题要问你，你不介意吧？"
低： 手指摩擦衣物； 摘下眼镜； 理解口头语言时出现短暂延迟。	运用调节手段： · 关上办公室的门 · 嚼口香糖 · 喝杯咖啡或其他饮料	我能处理意外事件。 做：打开手机里的视觉计时器，设置 30 分钟倒计时。30 分钟后再次检查压力水平。 说：对对方的话有所疑惑的时候，记得说一些比较笼统的话表示你在听，比如"谢谢""有意思""抱歉""明白""好的"等等。
无	享受无压力的轻松状态！	继续遵循我的 CAPS（见下文）

- **需要掌握的技能**。即为工作顺利展开而必须掌握的技能。也包括学习技能的具体方式，比如同事帮带、网络学习等。
- **结构化／调整措施**。这个部分可以包括各种辅助工具的使用，比如记事清单、计时器、书面说明、日程表等。
- **强化**。包括自我强化，是保证工作成功的重要因素。比如：进行自我肯定，有助于提高自我意识和工作表现。（乔斯在养成自我肯定的习惯之前，总是需要从别人那里确认他的工作表现，总是不停地问别人"邮件我整理得对吗？""我现在可以休息一下吗？""我要下班了，我的工资可以发了吗？"在学会自我确认以后，他就可以用自我强化来代替这样的重复发问了。）
- **感觉策略**。各种感觉支持和应对策略，包括自我调节计划。感觉支持策略包括使用耳机、耳塞，通过摆弄回形针来解压，在开会时带上涂鸦用纸，等等。
- **沟通／社交技能**。可以在你的手机、平板电脑或其他电子设备下载专门的 APP（比如苹果系统的 Hidden Curriculum On the Go），学习常用潜规则。也可以借助其他手段提高沟通／社交技能，比如给自己设置提醒，每天去某个网站浏览新闻，积累与同事聊天的素材；准备一些开场白提示卡，帮助自己主动发起对话；提前列出会议发言要点等等。
- **数据收集**。收集与"需要掌握的技能"相关的信息。数据可以来自我评估、同事观察、公司绩效考核等。比较常见的是上司的表扬或指正以及公司绩效考核和培训计划中的相关数据。
- **泛化计划**。考虑到孤独症个体往往很难实现信息在不同情境之间的泛化，CAPS 会专门涉及这个部分的内容，保证技能可以从一个情境泛化到另一个情境、从一个活动泛化到另一个活动。例如：在休息时间适用的开场白提示卡也可以在午餐时使用。

CAPS 可以由员工、职业教练、转衔服务专家、职业康复人员制订，也可以由这些人中的任意人员共同制订，而且网格中只需填写对员工最有帮助的部分即可。下面，我们以莉利亚为例，看看 CAPS 的大致操作方法。

除了自我调节计划，莉利亚还制订了 CAPS，保证最佳的工作状态。从高中到大学，她都使用过这样的路线图，而且，她还会根据环境需要，因地制宜地调整她的计划。表 4.5 展示的正是她的 CAPS。事实上，她并非事事需要支持，但只要是出现在 CAPS 中的项目，都与她的成功息息相关。比如：莉利亚十分不习惯文档在电脑屏幕上的上下滚动，那样会给她带来晕车般的感觉。因此，以书面文本而不是电子文本的方式接触信息，就有助于她减轻疲劳、提高工作效率。虽然国税局的网上有她需要的所有报税材料，但她依然会在办公室保存相应的纸本文件。她也告诉主管，给她的所有资料一律需要纸质文本。她的 CAPS 也包含了这一需要，它提醒莉利亚，必要时请他人提供这些资料。

莉利亚也很不擅长应酬式的"闲聊"，比如与人谈论天气、和客户聊上次见面时提起的即将启程的旅行，但这是与客户接触所不可或缺的一项技能。经验告诉她，作为一名会计，业务能力固然重要，但客户也会在意她记不记得他们的一些个人细节，能不能就共同感兴趣的事件或主题随便聊上几句。为了做到这一点，她给自己想了很多应对策略。比如：在与客户见面之后，她会在客户的联络卡上记下对方刚刚提及的所有个人信息，比如配偶叫什么、有几位子女、宠物的名字、最喜欢的球队、度假计划，等等。下次再见这位客户之前，她会快速复习一遍卡片上的内容。

表 4.5 莉利亚的孤独症综合计划系统（CAPS）

时间/活动	需要掌握的技能	结构化/调整措施	强化	感觉策略	沟通/社交技能	数据收集	泛化计划
上/下班	闲谈	回想网站上的新闻，作为聊天话题	友谊	—	对话提示信息	表达个人见解的两句话	在健身房使用
休息时间	—	—	更有效率	自我调节计划	如果有人找你聊天，友好地表示目前你需要独自放松一下	检查压力水平	在家
工作任务	免税代码更新处理	资料打印件	更有效率	自我调节计划；喝茶/咖啡	—	工作所使用的时长	—
会议（公司会议或会见客户）	闲谈、顺畅互动	会议议程表	会后请行政助理提供反馈意见	自我调节计划	见客户前复习一遍联系卡上的客户信息	请行政助理提供反馈意见	—
午餐	闲谈	回想网站上的新闻作为话题；回想同事个人的相关细节	友谊	需要时，使用自我调节计划	如果有人找你聊天，但你正处于压力状态，友好地表示目前你需要独自放松一下，或者告诉对方："我还有些工作要赶。"	自我反省	见客户

理解社交需求并做出反应

大部分职场孤独症人士都有出色的工作能力，并因此而受到周围人的青睐。但是，他们中很多人却对工作中的各种普通人际互动感到束手无策，尤其不善于解读和应对不时冒出来的社交潜规则。

无论以什么为主题，与他人的每一次互动都具有社交性质。同事简单的一句问话"可以用一下你的订书机吗？"就已经是一种社交互动了。孤独症个体的一个主要障碍在于难以理解人际互动中的各种社会性因素。其实，个体常常看不见人际互动中的社会性层面本来就是孤独症这一概念的应有之义。因此，指望他们能正确解读他们看不见的东西，还要做出正确的反应，根本是不合逻辑的。可以说，由于天生无法理解社交互动的意义，他们能否在某次社交中做出恰当的反应，全凭运气。

孤独症谱系个体需要有意识地学习正确解读社交活动的方法。然而，这并不容易，因为在社交互动中，人们所表达的真实含义都是和其他诸多因素混杂在一起的。比如：一句话到底是什么意思，要看当时的具体情境，按字面意思直接理解，很可能与说话人的意图相去甚远。下面马尔科和杰夫的互动就是一个例子。

在出租车公司的休息室里，马尔科问杰夫，知不知道某个地方怎么走。他要去那里的一个会场接客人，但对那个地址不太熟悉。杰夫只回答"知道啊"，就继续聊别的了。等了一会儿，马尔科又问他："那么，杰夫，你知道怎么去那里吗？"杰夫再次表示他知道怎么去那里，可就是不说明具体的路线。最后，马尔科恼了："那么邮件地址呢？也许我发邮件问问客人就知道了！"

为表示热心，杰夫告诉马尔科，与其发邮件，不如打电话或发短信。马尔科简直受够了，觉得杰夫就是个笨蛋——他已经不是第一次做出这样奇怪的反应了，所有证据都表明杰夫愚不可及，与他相处纯粹是浪费时间。但杰夫却觉得自己帮助了马尔科，他不明白为什么从那以后马尔科在休息时再也不跟他讲话了。

◎ 与杰夫的情况相关的潜规则 ◎

- 当人们问你知不知道某个地方怎么走时，他们实际上是希望你告诉他们具体的路线，而不只是回答"知道"或"不知道"。

这样的情况一天里可能会发生多次。问题是，社交潜规则是建立在这样一个基础之上的——我们默认所有人都知道这些"规则"，因此，当有人违反它们的时候，我们往往就自动认为他们居心不良。

我们大部分人偶尔也会违反潜规则，虽然当时气氛会有些尴尬，但当一切回到正轨，这种感觉很快就会过去。但孤独症个体却不是这样。由于不能主动地理解潜规则，他们很可能接二连三地犯错。因此，在周围人包括同事眼里，他们并不总能回到社交的"正轨"上来。

在社交中偶尔出现一两次误解或不当反应是没关系的，但孤独症人士的失误率实在太高了，这种失误产生的负面效应会随时间的推移不断累积。事实上，孤独症员工往往会因此而失去工作。

好消息是，虽然孤独症个体不能自然而然地理解潜规则，但这些信息是可以通过学习逐渐获得的，而且练习越多，越容易掌握。也就是说，通过刻意的观察和练习，人们是可以学会发现身边的潜规则的。比如：一个人可以在外出——诸如购物或看电影——的时候，扮演起侦探的角色，有意识地寻找身边人运用潜规则的例子（Endow, 2012）。

在上面的例子中，如果杰夫理解别人问他是否知道某件事，比如某条路怎么走，其实是希望他告知具体的路线，那么结果一定会积极得多。

表 4.6　社交互动中除语言之外的其他要素

- 姿势
- 面部表情
- 身体距离
- 语音语调
- 互动背景
- 在场或在听力范围内的其他人
- 交流对象的属性（同事/上司、女性/男性、年轻/年长、经验丰富/经验不足、朋友/认识的人）

表 4.6 列举了在社交中，除口头语言之外，与他人成功互动所必须考虑的其他要素。一个人可以根据这些要素判断自己是否犯了社交错误。如果对方出现某种身体语言，比如"问号脸"——眉头收紧、下垂，头部微微后仰，那就表示你可能做错了什么。

对方叹气或翻白眼，有时似有若无，有时比较夸张，也可能是你犯了错误的信号。与人聊天时，对方有时会转换话题，但如果他们说到一半突然闭口并走开，那么一定是你哪里做错了。

如果是这样，最好不要马上追上去。你应该等自己空下来的时候，好好回想当时的互动情况，看看能否找出问题所在。也许你自己就能发现问题，如果不能，那么你可能需要他人帮助，比如在休息的时候，去向你信得过的朋友或同事请教。

很多社交问题，你只要理解它们是怎么回事，注意下次不要再犯就好。但偶尔也有一些比较严重的情况，你必须跟对方道歉才能补救。如果你不确定是否需要道歉，最好也问问其他人的意见。

如何避免和弥补社交错误

- **提前想好该说的话**。因为我们很难判断自己什么时候已经犯了社交错误，所以，提前想好该说的话，也许能在关键时刻给自己解围。
- **马上说"对不起"**，即使你没犯错也能产生很好的效果。事实上，不管你有没有做错，"对不起"说出来，都会给人一种礼貌、贴心的感觉。不过，虽然这一招几乎总是有用，但最好还是少用，比如留到你完全搞不懂别人为什么生你气的时候再用。滥用"对不起"会显得你在相处中过分拘谨，这样会产生适得其反的效果。
- **注意礼貌，用话语表达对对方的关心**。这样不仅会让对方感觉受用，也会给他们留下一个好印象。
- **用行动表达对他人的关心**。除了话语，你也可以用其他方式间接表达对说话对象的关心。比如：当对方眯起眼睛时，可以问问是不是灯光太亮了，如果太亮，就帮她调暗些。又比如：给对方腾一点空间，让他可以放下他的咖啡杯。对人友善、处处为人着想的人，也会让人心生善念，当他们不小心违反潜规则的时候，会更容易得到别人的谅解。
- **与人聊天时，记得一定要说点什么**。在社会交往中，很多人在不知道说什么或者不知道如何回应的时候，为避免出错，往往会选择沉默，而这恰恰是问题所在。尽管你的出发点是好的，是为了不出错，但如果你在对话中什么都不说，往往会让人感觉你是对话题不感兴趣、你这个人冷淡不友好、你不喜欢你的工作、你不喜欢说话的对象，等等。总之，对方可能会对你产生比较消极的看法。更糟糕的是，当你因为不确定该说什么而沉默时，你会不自觉地尴尬，这种尴尬不可避免地会通过面部表情和身体语言表现出来，尴尬的气氛会进一步加深对方的消极印象。

为了避免出现这样的状况，孤独症谱系障碍个体需要学会及时觉察自己的沉默是否适当。这需要一点练习。只要你意识到在与别人说话时不应该完全保持沉默，事情就好办多了。

——经验法则一：完全保持沉默的时间不要超过一分钟（大约）。

——经验法则二：无论对方在聊什么，作为听众，多少需要说点什么表示互动。比如：

"有意思。"

"真的？"

"好的。"

"没问题。"

"我也觉得！"（如果你与说话人的想法一致的话）

- 留心他人在对话中使用什么样的词汇。要注意，有些用词会随时间不断变化，比如在一段时间内，人们会使用某些流行词语，即所谓的"热词"，这些热词会被不断更新换代。如果你想融入周围人的圈子，那就要学会使用正在流行的热词。具体到职场上，最好选择使用周围同事常用的词语和句子。

在绝大部分与同事的互动中，我们会采取比较轻松随意的方式，比如：如果你听懂了他们的话，你说"懂了"就行。但如果你的交流对象是上司或老板，那么情况就要有所变化，因为你与他们的关系更为正式，所以你在言谈间要表现得更为郑重。比如当被问到你是否已经理解时，"我明白了"好过比较随便的"懂了"。使用较为正式的语言是对权威人士表示尊重的一种方式。如果开会时老板也在现场，那么即使周围有很多熟悉的同事，你也最好使用正式的语言。一个不错的经验法则是：无论在什么样的团队集会中，你都要以团队中职位或权力最高的那个人为标准，适配你的语言。

- **不要反复使用同一个词语或词组**。比如：如果你在对话中总是在说"好的"，听起来会相当怪异。事实上，在用某个这样的词语表示你在认真聆听之后，你需要说一句更有实质内容的话，你还可以问一个与正在谈论的话题相关的问题。

- **用身体语言表现你的兴趣**。当某人不太自在或不知道该跟别人说什么的时候，他的身体语言一定会有所流露。但人们可以有意识地改变自己的身体语言。在对话中，你也可以用身体语言向他人表示你对谈话内容感兴趣。比如：

  ——微笑

  ——点头（表示肯定和认同）

  ——看着说话人

  ——向说话人微微靠拢

- **避免同时做其他事**。比如发短信、写邮件、整理你的工作区或做其他任何使你不能专心听人讲话的事情。

处理批评意见

海因里希提前完成了项目任务，他对自己很满意，也迫不及待地要将成果上交给老板，毕竟，几个月的努力都在这儿了。让他特别意外的是，在他将这份最新成果交给老板时，老板对他说，以后他完成的任何项目都不要直接送到自己那里，交给秘书就行。老板继续解释说，因为这个项目是好几位员工一起做的，大家将各自完成的部分交给秘书，秘书会在项目的截止日期之前收齐并交到他这里。

海因里希刚听完前面的话就火了，他根本没有认真听老板后面的解释。他满脑子只有一个想法——他没有做错任何事，这一点老板必须清楚。他说："我一向都是这样做的。我总是提前完成任务，提前交到你这里，每次你都跟我说谢谢。从来都是这样。这样不是很好吗？没理由要改呀！"

老板很和气地再次解释了一番，但海因里希完全听不进去。他脱口而出："白痴啊你，好好的，改什么改。根本就是多此一举。难怪大家都受不了你！"然后，他愤然离去，半路还将项目文件扔进了老板的垃圾桶。

即使再好的工作环境，人们也总会遇到老板或上司要求你改变做事方式或告诉你工作上有错需要重做的情况。没有人愿意遇到这样的情况，这些要求会在一瞬间引发人们内心极大的情绪起伏。由于孤独症个体的神经系统不能自动地调节情绪，所以他们必须有意识地采取一定的策略，缓解紧张情绪。

比方说，海因里希可以先离开，直到情绪恢复平静，而不是直接朝老板发火。他可以出去走走，去贩卖机买瓶汽水，休息一下，或者，回到自己的办公室，关起门来，做几个墙壁俯卧撑，让自己逐渐缓过来。对海因里希来说，这些方法他都使用过，事实证明它们可以有效缓解他的紧张情绪。其他有情绪调节困难的人也都有各自适用的缓解情绪的方法。

在情绪激烈的时候，尽可能不要做任何反应，不要说也不要写任何东西（短信、留言、电子邮件之类）。人在愤怒或受到伤害之后很容易失去理智，很多人会因此而出现过激行为。有些员工甚至会对老板出言不逊，或做出其他各种让他们后悔的事。

避免冲动的一个比较好的办法，是对对方说："谢谢你告诉我这些。让我想一想再回复你。"你最好能提前想好这样的说辞，以免在突然遇到这样的情况时，因为反应不及而失去分寸，尤其是在深陷情绪漩涡的时候。此外，你也要设法掌握一些背景信息，比如自己哪里做错了？今后如何改正？大体上说，你需要知道你错在了哪里，或者说哪里不符合要求，今后要如何改变，如果任务是有完成期限的，那么你预计什么时候能做出改变。

如果海因里希能这样做，他就不至于直接骂老板了。如果能事先准备好措辞"谢谢你告诉我"——需要的话，可以提前想好并练习好——那么他就能给自己一点时间，离开现场，出去调节他的情绪，而不是以激烈的方式做出回应。

然而，很多情况下，你需要当场做出回应，比如：你被告知你需要改变某项任务的工作方式，而老板或主管就在你面前等着你回复。

如果你当时没有头绪，不知道怎么回复，你至少应该感谢老板告诉你这件事。然后，等你有时间考虑过这件事以后，再回去跟老板确认你的理解。你可以以邮件、备忘录或面对面的方式来完成确认。

在上面的例子中，如果海因里希能先感谢老板告诉他工作程序有变，然后离开，那么他可以在之后以邮件方式做出答复。等他情绪平复以后，先想一想老板说的事，再给他写一封简单的邮件，比如："我已将本人负责完成的 ×× 项目资料交给您的秘书琼斯小姐。我已理解，今后完成的项目资料均需交给琼斯小姐，而不是直接给您。如果您对我还有什么其他要求，请告知。特此回复。"

大多数人都有这样的经验：只要给自己一点空间，通常是离开那个宣布不好消息的人，独自待一会儿，他们的情绪就能缓和下来。然而，孤独症个体却不是这样。如果你也是那种一个小时都无法恢复平静的人，那么，"神奇的 5 级量表"[1]（Buron & Curtis, 2012; Buron, Brown, Curtis & King, 2012）或许可以帮助你将紧张的情绪缓和至可控的水平。表 4.7 展示了如何用这样的量表来处理工作中因遭受批评而产生的情绪问题。

表 4.7 在工作中遇到批评时的情绪反应

等级	感受	稳定情绪的策略
5	怒不可遏	请假离开。因为我不确定自己会不会说出或做出什么给自己带来麻烦的事。
4	愤怒	去洗手间独自待会儿。做几个墙壁俯卧撑。有条不紊地缓缓数到 50。
3	怒火渐烧	缓缓地深呼吸几次，走去休息室。
2	心烦意乱	这个我能应付。缓缓地深呼吸几次，继续工作。
1	沉着冷静	说："谢谢你告诉我。我会那样做的。"

---

[1] 编注：《神奇的 5 级量表》简体中文译本，［美］卡丽·邓恩·比龙等著，潘敏译，2020 年 11 月由华夏出版社出版。

职场排挤

在极少数情况下，周围人会因为你出类拔萃、受人重视而嫉妒你。为了在领导面前争宠，他们会暗中使坏，给你抹黑，好让他们自己显得更胜一筹。在极端情况下，他们甚至会想方设法让公司开除你。

职场排挤的常见形式：

- 同事无中生有，向周围人或领导散布关于你的谣言或谎言。
- 领导故意对你隐瞒工作上的关键信息，让你不能顺利完成任务。
- 同事对你隐瞒工作指令，却对领导说你收到了指令并完全理解
- 有人篡改或破坏你的工作成果，显得你无法胜任工作。
- 同事通知你开会时间时故意说错，让你迟到或错过重要会议，在领导面前丢脸或让领导觉得你对工作疏忽大意。

如果你觉得自己正在受人排挤，那么你要做的第一件事，就是证实或推翻这个想法。如果你只是凭空猜测就指责别人排挤你，那你可能会破坏与对方的工作关系，也毁坏自己的职业前途。一个可行的方法，是私下与主管或信得过的朋友谈谈这件事，问问他们的意见。（在找主管讨论的时候，避免直接使用"排挤"之类的词语。）

此外，你也要理解，他人的排挤并不是对你的人身攻击。你只是正好成了别人的目标而已。对方之所以实施排挤，可能是因为她担心自己的工作、感到被同事看不起或者只是想让别人认可她而已。

在主管的帮助下，多找找那位同事的优点，发现你们的共同之处。请她加入你的工作中，积极肯定她的成功之处。这样做不一定能阻止排挤行为，但果真到了针锋相对的时刻，你会因此而更有自我辩护的余地。如果你能保持沉着和冷静，并确保主管了解情况，那么万一问题升级，需要纪律处分来解决时，你也更有可能化被动为主动，取得优势。如果你无意中听到了别人对你的工作说长道短，最好私下报告给你的主管。表 4.8 提供了一些解决职场

表 4.8　5 招解决职场排挤行为

1. 跟你信得过的人确认情况，明确这不是你多心，而是别人真的在排挤你。
2. 想想别人可能是出于什么样的原因这样做。
3. 要求与对方谈一谈，可以请主管帮你牵线搭桥。
4. 以头脑风暴的方法解决问题，既能帮助对方实现目标，又能满足你自己的需要。
5. 最重要的是，不要让对方的恶劣行为损害你的职业水准（Ferrell, 2010）。

排挤问题的建议。

记住，遭到故意排挤的情况毕竟少有发生。大部分时候，可能还是你对情况有所误解。你可以去找相关人士或第三方帮忙澄清真相。

小结

身在职场，能理解并完成工作任务固然重要，但从保住工作的角度来说，它只能算一个起点。对孤独症人士而言，按照职场潜规则的要求行事，才是更具难度的挑战，处理不好的话，工作岗位也会岌岌可危。

但希望是有的！只要有意识地处理好本章讨论的三个主要问题，孤独症个体是可以更好地把握职场上的社交关系的：（1）到岗即可投入到工作之中；（2）通过压力管理保持全天的工作状态；（3）理解社交需求并做出恰当的反应。

第 5 章

工作中的潜规则清单

社交错误有轻重之别。有些错误是有回旋余地的，比如没有征得允许，随意拿走了同事桌上的订书机。但有些错误则会导致灾难性的后果，比如在他人不愿意的情况下强行进行性接触（强奸）、拿走不属于自己的钱财或物品（偷窃），虽然这些行为有可能是在误读了社交信号的情况下发生的，但不管怎样，它们都触犯了法律。如果你在理解社交潜规则方面存在困难，建议你熟记哪些行为属于违法行为，然后不惜一切代价地规避它们。

还有一类比较严重的社交错误与社会的文化禁忌有关。比如在美国，不正当性行为和涉毒都属于文化禁忌。也就是说，整个社会都认为这些行为极度恶劣，不仅要受到法律制裁，还会带来更严重的后果。比如：如果一个人趁着午休时间去外面的商店偷了东西，那他可能会被警察带走，但这不一定影响他的工作，可如果他去吸食大麻或使用街头毒品，那么他可能会因此而丢掉工作。

本章中，我们将以清单形式逐一罗列具体的潜规则条款，这些潜规则影响着就业的方方面面。为了便于阅读和查找，我们把它们分成了几个大类。每一个大类下的规则列举都算不上详尽全面，它们不过是该类规则中最基础的条款。根据你工作的具体情况，有些条款还会稍有差异。你可以对照自己在工作中的经验，和信得过的朋友或同事一起来研究这些条款。

本章还收录了一些活动建议，帮助你提高对职场潜规则的理解。与新知识和新想法的碰撞，往往可以让我们更好地将它们实践于生活，也让学习的过程变得更加有趣。请以你自己的方式任意使用这些建议，希望它们能真正帮助到你。

一般规则

在踏入新公司的大门之前，你就可以开始了解会在那里遇到哪些潜规则了。以下列举的是一些一般性的规则。如果你有过职场经验的话，不论是有薪资的员工，还是普通志愿者，其中有些规则可能是你之前遇到过的，但也有些规则可能是你完全陌生的。

◎ 与一般职场行为相关的潜规则 ◎

- 除非有急事，否则上班时不要接打私人电话。
- 与同事聊天时，不要用有贬损意味的字眼称呼老板。即使大家都那样做，你也不要。这样做可能会给你带来麻烦，包括让你丢掉工作。
- 绝大多数公司都不会允许你在上班时收发私人邮件、私人短信或上网娱乐。确认你所在公司对此有何规定并严格遵守，无论这些规定有没有被写进员工手册。
- 在你进入老板或同事的办公室时，不要试图去看他们电脑屏幕上的东西。这些通常被认为是个人隐私。
- 同事之间通常不会发生大额的资金借贷，但偶尔借一点零钱是有的，比如买午餐的钱不够的时候。如果有人向你借大笔的钱，最好予以拒绝。如果你没有把握，可以问问亲朋好友的意见。
- 人们一般不会和同事谈论他们的收入情况，因为这属于保密信息。

- 如果同事升职了，无论你觉得她配不配，都应该礼貌地表示祝贺。
- 工作中最好不要讲与种族、性、宗教或政治有关的笑话。
- 在绝大多数公司，愤怒下做出的过激行为可能会让你丢掉工作。大吼大叫、骂骂咧咧以及类似的沟通方式都是不够专业的表现，通常也不会被容忍。
- 最好找亲朋好友谈论你的私人问题，而不是同事。

※ 活动建议：

规则的分类整理：在读过"一般规则"中的各条潜规则之后，再回到开头，根据你自身的情况，将它们逐条分类，比如，你可以：
- 在你已经知道、也会运用的规则前打"√"
- 在你之前从未考虑过的新颖观点前标"！"
- 给重要规则标"？"。选出你认为尤其重要的、必须记住的两三条规则，打上表示重要的标记。可以是你觉得难度很高或者闻所未闻的规则，也可以是你熟悉的、但容易忘记的规则。

注：对同一条规则可以打上多个标记。

仪容仪表

仪容仪表是你给别人的第一份自我介绍，因为那是人们最先看到的你的样子——还没等你开口介绍自己，他们就已经建立了对你的视觉印象。因此，不管你喜不喜欢，仪容仪表都是一件非常重要的事。

有些公司对员工的仪容仪表有明确的规定，比如：食品服务业基本都要求员工戴发网或帽子。有些地方要求员工的头发不得过肩，所以长发的员工需要将头发打理成不过肩的样子。但是，无论在什么样的单位，无论这个单位有怎样的规定，每天把自己收拾得干干净净、整整齐齐地去上班，是所有员工都应该做到的事。

除了仪容的整洁，穿着得体也很重要。有些公司会有关于着装规范的书面文件。如果是这样，一定要严格遵守。有些公司虽然没有明文规定，但也会有一些非正式的标准。公司可能会将它们明确地告知于你，也可能语焉不详，但作为一名员工，你同样应该遵守这些非正式的着装规范。总而言之，你需要搞清楚自己应该怎样穿着。

◎ 与仪容仪表相关的潜规则 ◎

- 有些人认为穿着法兰绒睡裤外出是一种时髦。这样做无关对错，只是时尚使然。但如果是在工作中，这样做就不合适了。
- 关于职业着装的经验法则：不露乳沟和腹部。
- 如果出于某种原因你不喜欢在公共洗手间洗手，那么，请自带免洗的洗手液。
- 如果你是一名女性，也希望融入周围人的圈子，那么你要知道，在很多社会的文化里，女性脸上的毛发是不被接受的。用来去除多余脸毛的方法有很多。如果你希望了解这方面的信息或需要帮助，问问信得过的朋友或家人。
- 上班前洗个澡并使用体香剂，有助于去除身体的异味。
- 很多地方都需要你穿工作服上班。有些工作还要求你戴发网、工作卡或其他东西。如果你实在无法达到这些要求，让信得过的朋友或亲人帮你想想解决的办法。
- 不要穿会暴露内衣裤的服装。穿这样的服装上班被认为是不专业的表现。
- 如果你们公司实行"休闲星期五"，那就意味着员工在每个星期五可以不必穿平时的工作服上班。那么，你要明确怎样的服装可以穿去上班，因为每个公司的规定都不一样。
- 一般来说，人们每天都会更换不同的衣服。如果你今天穿了某件毛衣或某条裤子，它没有弄脏，还没必要洗，但你也最好等几天再穿它去上班。

※ 活动建议：

规划洗漱时间：仔细想想，把自己收拾得整整齐齐地去上班，你需要做哪些事情。你打算早上洗澡还是晚上洗澡？你多久洗一次头？理发呢？你用多长时间刷牙、打理头发、修剪指甲、化妆（如果你化妆的话）？给自己列一张"每日洗漱表"，写下每一项日常洗漱任务。然后，看看每一项任务大概需要多少时间。再额外留出几分钟的备用时间。将这些时间加起来，就是你每天上班前需要留出来的洗漱时间。如果你能将洗漱时间列入上班前常规，那么你就能气定神闲地完成各项任务，不会因为来不及而省略重要的洗漱步骤，这样能保证你每天都清清爽爽地出门上班。

学习着装规范：明确你所在的工作场所有哪些着装规范。如果你需要穿工作服，那就最简单了！如果不是，可以去查一查公司的着装规范，但更重要的，你应该看看同事们的着装。他们穿什么？正装吗，比如西装短裙？还是牛仔T恤？或是介于两者之间？一旦明确着装规范，你就可以照着安排自己的装束了。你有符合着装规范的服装吗？如果你周一到周五连续工作五天，那么最好准备五套可以换穿的上班服，这样你就不必担心工作日的洗衣问题了。

考勤和病假

虽然上班的考勤不像上学时那么严格，但保证正常出勤还是相当重要的。而且，你的考勤异动，大家绝对都是看在眼里的！事实上，大部分工作场所都会有考勤纪律。在考虑加薪或升职时，员工过往的考勤记录往往也是一个被考虑的因素。

出勤如此重要，但你难免遇到无法上班的特殊情况。最常见的例子是生病。有些公司规定每年会给员工几天病假。不管在哪里工作，当病得不能上班的时候，你都要提前通知公司的相关人员。

◎ 与考勤和病假相关的潜规则 ◎

- 即使外面下起暴风雪，你的公司可能还是正常开工的，你也需要正常上班。如果因为受灾害性天气的影响无法到岗，你必须像请病假一样，打电话给领导说明情况。

- 当你休完病假回去工作时，人们可能会问候你的病情。你要知道，他们并不需要详细的医疗报告。回答一句"好多了，谢谢你"，通常就够了。

- 病愈回到工作岗位以后，不要跟别人谈及你在病中的任何生理功能状况。大部分人并不想知道这些，他们会觉得说这些很粗鲁。

- 兼职员工通常不能像全职员工那样带薪休假。如果你是兼职，又不确定假期是否需要上班，最好问清楚，不要直接不去上班。

- 如果同事对你说，你不能提前下班，除非先问过领导，那么你要知道，她的意思是你必须先征得领导的同意，领导说"可以"，你才能走。如果领导说"不行"，那么你即使问过了，也不可以走。

- 不要迟到。要知道，就算你理由充分，大部分公司都不会容忍一次或两次以上的迟到行为。即使在你迟到后人们对你依然客客气气的，你也可能因为迟到而丢掉工作。

- 如果你希望准时拿到工资，那么你需要按照规定的方式填写考勤表，并准时上交到指定的人手里。

※ 活动建议：

请病假：确定公司对于请病假有哪些规定。如果你不能保证自己 100% 记住这些规定，那么复印一份带回家去。如果某天早上醒来，你发现自己病得无法上班，你要知道应该做些什么。一般来说，你应该知道打哪个电话、找哪个人请假。此外，如果你请假一天或两天以上，公司可能会让你出示医生证明。明确你是否需要这个证明，以便决定你需不需要去看医生。

交通

一旦找到工作，你就要赶去某个地方上班啦！在大多数情况下，你需要使用交通工具。跟工作及生活的其他方面一样，你也需要了解不同交通方式所涉及的潜规则。不管你是开车、搭同事的车，还是使用公共交通，比如公交车、出租车、地铁，肯定都要遵守相应的潜规则。发现这些规则并掌握它们，让你的通勤之路更加顺畅。

◎ 与交通相关的潜规则 ◎

- 坐公交车的时候，如果能找到其他座位，就不要直接靠着陌生人坐下。
- 如果你经常搭朋友或同事的车上下班，那么你应该帮忙负担一些油费，或者用其他方法表达谢意，比如：请对方吃饭或送一份小礼物给对方。

- 如果你和别人拼车上班，那么你应该知道，虽然确保乘客系好安全带是司机的法律责任，但你没必要总是强调这一点，因为这是大部分人都知道的事。友好地提醒一句"系好安全带"就足够了。
- 当你独自开车上班时，你可以跟着车载 CD 或广播里的音乐一起哼唱。但如果车里还有其他人，你最好不要这样做，除非所有人都没意见。
- 如果同事在某个风雨天让你搭车上班或下班，那并不意味着每次遇到坏天气，你都可以搭他／她的车。如果你想搭车，那就问问对方，遇到坏天气，能不能让你付费搭车上下班。

※ 活动建议：

在上述条款中找到与你所使用的交通方式相适应的潜规则，做好标记"√"。然后，想一想还有哪些潜规则这里没有提到，把它们写下来。如果你想不出任何条款，问问信得过的朋友或亲戚。比如：你可以问问你哥："我现在跟人拼车上下班。你知道拼车的时候，大家有哪些讲究吗？"

工作环境

这一大类下的潜规则不计其数！有些潜规则适用于所有的地方，比如：待人时，既要尊重他人，也要保持自尊。但还是有很多潜规则是不通用的，这个地方这样，那个地方那样。下面列出的潜规则中，适用于你的工作环境中的，可能有很多，也可能寥寥无几。

◎ 与工作环境相关的潜规则 ◎

- 进电梯后，转身，朝门口站立。这样，当电梯到达你的楼层时，你可以直接走出去。

- 电梯的容量是经过设计的，即使最大的载客量，也都在承重范围之内。所以，不要对别人说她让电梯超重了，那样是不礼貌的，即便你真的那样想，也不要说出来。

- 在我们国家，上下楼梯时靠右走，是一条不成文的规则，即使你是左撇子，习惯左边扶手，也不例外。只有当楼梯上没有其他人时，你才可以靠左走。

- 有时候，公共卫生间的厕纸会用光。明智的做法是进去时先检查一下，尤其是当你自己没有带纸巾的时候。

- 如果你洗手时将很多水泼溅到了台面上，那么，洗完手将水擦干是比较周到的做法。

- 不要去整理同事的工作区域，即便那里乱成一团，也与你无关。不要指出来，更不要去整理。

- 在公司进行消防演习时，你应该立刻离开所在大楼。如果你不确定应该怎么做，跟着其他员工就可以了。

※ 活动建议：

工作环境里的潜规则：设法搞清你的工作环境中有哪些潜规则，这样你就能避免在无意中犯规的尴尬了。为此，你首先应该仔细阅读下文列举的各条潜规则，找出适用于自己工作环境的所有条款，做好标记。然后，再想想还有没有其他更隐蔽、更不易觉察的"规则"。比如：在某个公司，员工在用完办公用品之后是可以自己去储藏柜取用新物品的，但他们不可以一次将整箱复印纸搬到他们那边的打印机旁，而是每次只能拿1~2包。

如果你暂时想不起任何规则，没关系，只需留意着就行，慢慢你就会发现它们了。发现规则的一个办法，是观察别人怎么做，看他们遵循怎样的潜规则。另一个办法是注意人们的用词，当他们使用某些关键语句时，你要知道"潜规则来了"。这些关键语句包括：

"我本来不应该告诉你的，但是……"

"你显然应该知道……"

"每个人都知道……"

"常识告诉我们……"

"没有人会……"（Myles et al., 2013）

工作任务

大部分人都可以很好地掌握工作要领，完成工作任务。真正的难处在于把握工作中涉及的各种社会性期待，这些期待多多少少要靠员工自己去领悟。当你还是新人的时候，你会有一定的出错空间，因为人们觉得新人就是需要一段时间来"摸清门道"的。（"摸清门道"是指掌握环境中的潜规则，这里即工作中的潜规则。）

一般来说，大家会默认新员工是不懂潜规则、但可以在短时间内快速学会潜规则的。所以，你应该利用好入职后头几个星期的黄金时间。在这段时间里，你可以直接开口问同事："那么，请问关于团队会议，我应该注意什么呢？"在头几次接触新任务时，你可以这样直截了当地请教别人。但几次以后，比如还是关于团队会议的注意事项，再这样问的话，就难免尴尬了。

◎ 与工作任务相关的潜规则 ◎

- "客户永远是对的"并不是客观事实。之所以会有这样的说法，是企业要提醒员工不能与客户起争执，要始终如一地对待客户，就像他们是对的那样。这是一个被大家公认的良好的商业惯例。
- 在有些公司，员工当天没有及时完成的任务默认是要带回家完成的。但有的公司则不提倡这样做。了解所在公司的要求，然后遵照执行。
- 在工作会议中，只讨论与议题相关的内容，也只谈论别人没有谈过的观点和意见。此外，在会议中和身边的人私下讨论问题也被认为是无礼的。
- 在工作会议中，当你不认同别人的观点时，绝不要做出消极评价，比如说"真蠢""太白痴了"之类的话。
- 如果你觉得同事在会上提出的观点不高明，不要说出来，也不要指出哪里不好。如果你有更好的主意，可以这样说："我还有一个建议……"
- 如果你没听清同事的会议发言，礼貌地告诉对方，并请他再说一遍。
- 在开会时，与其费劲地驳倒别人，不如好好陈述自己的观点。无论你觉得别人的想法有多愚蠢，最好都不要表达出来。

※ 活动建议：

　　在开始新工作的第一个月或接到任何新任务的时候，想想你的日常工作时间表，选一个合适的时间，直接去向别人请教问题。你还要想好向谁去请教。需要注意的是，不要经常去问别人，至多一天一次，而且最好换着人问，不要每天都找同一个人问相同的问题。

职场交流

应对职场交流会存在一定的难度，尤其是你习惯于按照字面意思去理解别人的话时，因为日常交流很少是直来直去的。也就是说，如果你只按别人的字面意思做出反应，那样的反应，十之八九是不恰当的。

◎ 与职场交流相关的潜规则 ◎

- 当某人对你说"我不打算回答这个问题"时，你很可能问了不该问的问题。先向对方道歉，然后，如果你想知道怎么回事，去问问信得过的朋友。
- 如果你没完没了地谈论自己的才艺和能力，你就是在"炫耀"自己，这是一种社交错误。但你可以允许别人一直夸赞你的能力，前提是你不参与。
- 如果有人叫你的名字，一定要有所回应。看向他们，或者答应一声。否则，他们就不知道你有没有听到。
- 与人谈话时，如果对方还没讲完你就开始讲，那是插嘴，是对别人的干扰。你应该等一等，确定对方讲完后再开口。
- 与人谈话时，只顾自己说个没完被认为是不礼貌的。为了避免这种情况，记住，你说话的时长应该与其他人的时间差不多。
- 当别人从你身边经过碰到你并对你说"不好意思"时，其实你别无选择。把它当成一个礼貌的提醒：你的个人空间将要受到侵犯。
- 大部分人都有说话太过绝对的时候，比如：说某个人"从来没有"开心过，或"总是"很霸道。这些话几乎都是经不住推敲的，但你最好不要指出来。如果你实在无法接受，请在心里默默纠正。

- 对正在打电话的人讲话，被认为是无礼的。如果你对某人讲话之后，发现她正在讲电话，说声"对不起"，然后不再讲话。
- 当有人走过来跟你讲话时，你应该礼貌地摘下耳机或耳塞，即使不摘下来你也能听清他们的话。
- 对另一位成人指出其不当之处通常是不可取的，哪怕那个人做得的确不好。
- 你不应该对同事说他/她的工作做得不好，那是老板的事。
- 当同事得到嘉奖或特别肯定时，恭喜她，即使你觉得她不配。把你的真实想法放在心里。
- 如果工作中发生的某件事让你很生气，你最好跟别人说"以后再讨论"，而不是直接说出会让自己后悔的话。
- 工作中有疑问需要别人答复时，你可能得等待，有时会一等好几天。如果你不善于等待，那么最好问清大概什么时候能有回复，而不是不停地反复问同一个问题。
- 工作时最好不要说脏话，哪怕其他同事都这样做。一旦养成习惯，你很容易在错误的时间或在错误的人面前（老板或其他反感说脏话的人）说出脏话来。这对你的工作会有不利的影响。
- 如果有人问你知不知道某个地方怎么走，或有没有某件东西，比如订书机、螺丝刀或胶带，"知道""不知道"，"有""没有"固然是这些问题的答案，但他们真正想要的往往不是这个，而是希望你给他们指路、把你有的东西借给他们。

※ **活动建议：**

　　停顿与匹配：如果你常常从字面上直接理解别人的意思，下面这个方法也许能让你免于误解和尴尬！很简单：在你回应对方之前，先有意识地停顿一下，想想你对谈话内容的字面解读是否与正在进行的谈话主题相匹配（Endow, 2012）。

别人说的那些可能让你觉得奇怪的话

有时候，看到别人失误犯错，大家会觉得好玩而忍不住发笑。没关系，这与欺凌式的嘲笑基本上是两回事。这种笑的好处在于，你可以和大家一起笑。

◎ 与别人可能让你觉得奇怪的话相关的潜规则 ◎

- 如果有人说你"离谱"，那意味着你做了或说了什么让人不能接受的事。通常，你最好马上道歉，然后，如果你不明白是怎么回事，尽快去问问你信任的朋友。这个问题在职场上特别重要，因为严重的"离谱"行为可能会导致你被开除。
- 如果有人说你"大嘴巴"，那意味着你透露了太多或者说了不该说的话。
- 如果同事问你周末"打算做什么"，通常是想知道你安排了什么娱乐或特别的活动，而不是普通的打扫卫生、洗衣服或做其他杂事。如果你没有安排特别活动，就直接回答："没什么。你打算做什么？"
- "荣休吐槽会"是庆祝同事退休的派对，同事们会通过讲故事、回忆往事的方式吐槽或调笑作为主角的退休者。如果你也要在派对上分享故事，那么最好让信得过的朋友先帮你把把关，尤其是当你不确定自己的故事适不适合讲的时候。

- 当同事们都在抱怨一件事时，可能会有人讽刺说"跟老板说去"，他／她的意思是说情况很难改变，而不是真的让谁去告诉老板。
- 如果老板请大家一起"头脑风暴"，她是在邀请员工们集思广益，不加评判地分享他们能想到的所有点子。在头脑风暴的过程中，不要对别人的点子做任何的评判。
- 如果某人说他在"唱黑脸"，他是指他目前的立场不一定是他真正的立场，他之所以提出反对意见，是为了启发大家更全面地思考正在讨论的问题。
- 如果同事说他"火烧眉毛"了，意思是任务的截止日期快到了，他必须加急赶工。因此，不要跟他讲话，或以任何方式妨碍他及时完成任务。
- 如果有人说他被"炒鱿鱼"了，意思是他被辞退了。
- 如果同事跟你说一些"小道消息"，她的意思是无论她跟你说什么，都不是她本人的意思。如果是这样，你最好也不要再将这些消息转告给别人。

※ 活动建议：

　　跟着一起笑："如果有人笑起来，我会马上跟着一起笑。大部分时候，我不知道自己在笑什么。还好，这并不重要，因为大多数人都愿意和你笑成一片。有趣的是，对方通常还会跟我解释是怎么一回事，所以我终究还是能明白我们为什么而笑。如果没有解释，我也可以在事后弄明白。或者，假如我足够信任对方，我会悄悄对她／他说，我不懂我们在笑什么。一番解释之后，我们会在一起真正地开怀大笑！"（Endow, 2012）

休息和午餐时间

对于那些不能自动理解潜规则的人来说，工作日里不那么结构化的时间通常是一天里最难熬的时段。应对休息时间、午餐时间往往是难中之难，因为这里面涉及很多社交技巧。此外，那些你在职场中赖以生存的与工作相关的专业技能，在餐厅或休息室里都变得不再重要了。

举个例子。午餐时间常常让小乔感到很不自在，因为他听不懂同事们的嬉笑怒骂和各种玩笑话。他很愿意跟大家一起吃饭，但有时他实在搞不懂他们说的是真话还是开玩笑。比如他们会说："你们谁一拿到发票，就赶紧跳舞给大老板送去。"这句话的真实意思是，老板急着想要收到发票，而跳舞送发票则是一句玩笑话。同事们不太清楚小乔会怎么理解这句话，而小乔则担心他们会因为他听不懂他们的玩笑而排斥他。

小乔决定进行"部分披露"——为了改善某种局面而说出一部分实情，但不完全透露诊断情况，对病症也不做过多解释。小乔对大家说："嘿，我有一件重要的事要跟大家说。不知道你们有没有发现，我社交上有一点障碍。我很难分清大家说的话到底是什么意思。有时候，我不知道你们是在开玩笑，还是说真的。我担心有一天我会因为搞错意思而惹上麻烦。比如说，要是我真的跳着舞去给老板送发票可怎么办？所以，如果我搞错了，请你们给我一点提示。如果我自己不确定是什么意思，我也会问你们，我要不要'跳舞'。"

同事们很欣赏他的坦诚，从此以后，他们开始给他各种提示。比如：当他显然没明白同事们的玩笑话时，他们会说"不跳舞，哥们"或"坐着吧，咱不跳舞"；而当他们不开玩笑，真的需要他做些什么的时候，他们会说"哥们，这次是真的"或"音乐都给你放好啦"，这些都是小乔能听懂的话。同样地，当小乔感到疑惑不解时，他会问："穿舞鞋吗？"同事们就会给他指引正确的方向。

◎ 与休息和午餐时间相关的潜规则 ◎

- 在有些公司，你想什么时候去休息室都可以。但在另一些公司，你只能在休息时间以及紧急情况下才能使用休息室。如果你不了解所在公司的情况，问问同事。
- 当你去餐厅或休息室时，你可能会听到别人在笑。这不一定跟你有关，有可能是他们聊到了有趣的事。
- 如果你参加了公司的午餐会议，记得嘴里有食物的时候不要说话。如果边吃边聊会让你无法集中注意力，那么你可以提前用餐，开会时只喝饮料即可。
- 如果同事请你吃饼干或其他点心，只拿一小份。如果他们过会儿请你再吃点，而你恰好还想吃的话，说声"谢谢"并欣然接受。
- 有些公司会严格限定午餐的时间，比如11:30—12:00，有些公司则只规定半小时，但起止时间相对灵活。了解并遵守你所在公司的相关规定。
- 如果同事自带的午餐里有你讨厌吃的东西，最好不要说出来，也不要对该食物发表任何消极的评论。
- 午餐时间是从你离开工作岗位的时间点开始计算的，而不是从你动筷时开始。
- 如果你看到朋友或同事的牙齿或脸上残留或沾上了食物，不要当着其他人的面指出来。如果你愿意，可以悄悄告诉他。如果大声说出来，往往会让对方感觉难堪，而悄悄告诉则会让他们心怀感激。

- 如果老板让你的同事不要做某件事，比如不要在电脑旁吃东西，那么，这往往意味着其他员工，包括你，也不应该这样做。

※ 活动建议：

披露：如果你实在难以应对午餐和休息时间的社交需求，你在那里总是特别惹眼、"与众不同"，那么，你或许应该考虑将你的情况公之于众了。一般来说，你不必解释你的障碍情况，只需说明它对你的影响以及别人可以怎样帮助你就可以了。

与同事的工作和社交关系

你应该尽一切可能去学习、了解与新工作相关的事情，包括同事之间的相处之道。你应该知道，跟什么人说什么话是有讲究的。这涉及很多社交规则。除了像"在工作场合不要谈论性或政治话题"之类比较好懂的规则，你还会遇到一些比较微妙的规则。如果你在这方面存在困难，那么后面的活动建议也许会对你很有帮助。

◎ 与同事关系相关的潜规则 ◎

- 我们不能指望职场或其他任何地方的人在我们犯了社交错误以后能像我们最信任的朋友那样包容和帮助我们。朋友在身边时固然可以依靠，但他们不会一直在你身边，比如在你工作时、出门办事时以及日常生活中。
- 如果你不认同某个人的观点，可以礼貌地指出来，但请点到为止。没完没了地陈述自己的观点是很无礼的。

- 如果你在公共场所，比如超市或健身房，遇到同事或老板，那并不意味着他们愿意和你有所互动。最好是友好地打个招呼就走开，除非他们主动与你聊天。
- 在和同事或朋友讲话的时候，如果你讲完了你要讲的话，不要说"我对你无话可说了"，虽然事实可能的确如此。这种说法听起来不太礼貌，因为它通常是指你对对方很不满意，以至于不想和他说话了。
- 你可能会不太喜欢某些同事，没关系，以尊重的态度对待他们即可。同时，不要跟周围人提你喜欢哪位同事、不喜欢哪位同事。
- 如果某位同事一直做某件事，这件事打扰到你并影响了你的工作，设法跟他解释他的行为如何影响了你的工作，可能的话，请他为你改变那个行为。
- 如果两位同事在小声说话，那么他们可能正在谈论私事。如果你没什么急事，就不要上前打扰。
- 如果你打算请某几位要好的同事去你家玩，不要在没有被邀请的同事面前谈起这件事。
- 如果你无意中听到同事们在讨论下班后或周末的聚会，不要主动说你也去。如果没有被邀请，就不要去。
- 当老板休假时，另一位同事可能会代理他的某些职能。无论你心里对这个人有什么样的想法，都要像尊重老板一样尊重他。
- 如果老板或同事对你做的某件事有所不满，在他们找你谈这件事的时候，不要提起其他毫不相关的话题，这样会让她觉得你不把她当回事儿。你还可以提前想好关于那件事的补救计划。
- 如果有人让你帮他撒谎，而你并不愿意，你可以说："我绝对不会主动跟别人说一个字，但如果别人来问我的话，你要知道，我不善于掩饰真相的。"

※ 活动建议：

拿出一张纸，像下面例表中那样分成 3 列。让你信得过的家人、朋友或职业教练和你一起完成表格的填写。如果在工作中，当你聊到某个话题时，人们立刻改变话题、走开或什么也不说，那么，请将那个话题加入表格，再和亲友或职业教练一起分析其中的缘由。这可以帮助你确定是话题本身有问题，还是其他地方出了差错。请任意复制、使用这张表格，并根据你自己的需要，添加更多的单元格。

注意：很多人，尤其是视觉型思维者，发现这样的视觉工具能很好地提醒他们对什么人说什么话，从而避免说话不当的问题。有些人反馈说，自从用了这样的分类表格，他们说话前会在脑海里自动弹出表格，看着表格，他们能相当准确地估计要说的话属于哪一栏，然后才真正开口说话。因此，这份表格给了他们一个斟酌词句的机会。

工作场合可以说	适合对职场外的朋友和家人说	备注
周日的足球赛太棒了！		见面打招呼时提一下，或者在休息或午餐时聊一聊。
	我喜欢上周日教堂里的音乐，很特别。	上班时最好不要谈论宗教话题。
我昨天病惨了。	我昨天吐了六次。	同事对你的生病细节不感兴趣。家人和朋友可能也不想知道这些，但你说了也没事儿。

与上司 / 老板的关系

与上司或老板的关系是最难处理的社交关系之一。其中很大一部分原因，可能是上司和老板对员工说话总是和颜悦色的。这样的友好态度几乎让人忘记他们是上司和老板，而不是朋友，因而也不能用对待朋友的方式来对待他们。而且那些听上去友好的话，从上司和老板嘴里说出来，与从普通员工嘴里说出来，往往有着完全不同的社会性含义。

◎ 与上司或老板相处的潜规则 ◎

- 跟老板说某件事不公平，往往是没有用的。只有欲求不满的小孩才会将"不公平"挂在嘴上，因此，对你的老板说某件事不公平，很可能显得你孩子气、喜欢斤斤计较。

- 当老板犯了错误时，最好不要对他说他做错了，哪怕事实的确如此。如果有其他同事在场，那就更不要说了。

- 如果老板问你是否有任何问题，她是希望你问一些与正在讨论的话题或项目相关的问题，而不是其他毫无关系的问题。

- 当老板让你做某事的时候，她是默认你会去做的。做不做老板交代的事，基本不是你能选择的。

- 当老板正在忙碌或不开心时，最好不要去问事情，除非事情很紧急。

- 无论你觉得你的老板或上司多么不高明，都不要对他本人或其他人说出这种想法，即使你的本意是为公司着想。

- 老板通常都会指挥员工做这做那。如果员工不听从指挥，就很可能会被斥责，多次之后，还可能会被解雇。

- 如果老板办公室里有其他人，最好等这个人出来以后，再进去请示或讨论问题。

- 如果你觉得老板这个人很无趣，想想就好，千万不要说出来。
- 如果老板表示有事找你，让你在她办公室等她一会儿，千万不要坐到她的座椅上去等。
- 如果老板说了你不爱听的话，千万不要对他说"滚蛋"或其他无礼的话。
- 在有些公司，员工会直呼老板的名字。但在另一些公司，直呼其名被认为是不恰当的。留心身边同事怎么称呼老板，你大概也就知道该怎么称呼了。
- 如果你的老板需要使用复印机，那么，即使你正忙着复印一大堆资料，也应该让他先用，还要表现得非常乐意，无论你心里是怎么想的。如果你能主动帮他复印，那就再好不过了。
- 如果你换了新老板，她的做事方式可能会和原来的老板不太一样。除非新老板明确问起，否则不要主动跟她提起前老板的做法。
- 如果老板表扬你工作做得好，说一句"谢谢"就够了。不要趁机标榜自己的功劳，也不要夸耀自己如何聪明才搞定了这个项目。

※ 活动建议：

　　老板的言外之意：随时记下老板跟你说的听起来很友善的话，填入下面的表格中。如果某句话让你很费解，在旁边用"√"标记一下。你可以在下班后或上班但你独自一人的时候来做这件事，比如休息时间，周围正好没人的时候。（注意：如果大家都在休息室里，不建议这样做。因为在这种场合，你要做的是和大家保持互动。）之后，找机会和信得过的亲戚朋友、咨询师或职业教练讨论这些话的真正含义。请任意复制使用下面的表格，并根据你的实际需要添加更多的单元格。

老板说的友善的话	纯粹的友好表示	有言外之意的表示	言外之意
等你有空，请……		√	除了去做老板说的这件事，你别无选择。
早上好。	√		
如果你能……就太好了。		√	这通常是一个命令，意味着老板让你干什么你就去干什么。

与公司有关的社交活动

对于难以把握隐性的社会性含义和社会性期待的员工，与公司相关的活动可能是社交事故的高发区域。因此，当你在工作中遇到任何不同于日常的特殊活动时，最好能跟周围人多多探讨和交流。这些活动的相关信息一般会通过员工会议、电子邮件、布告栏或公司简报等途径通知到大家。有些活动明显就是社交活动，但大部分时候，你可能意识不到某个活动竟然也是社交活动。

◎ 与公司社交活动相关的潜规则 ◎

- 虽然有时说粗话在社交中是可以被接受的，但你最好不要这样做，除非你百分百确定这样不会冒犯到任何人。即便如此，你也最好先忍着，看看其他人说粗话时大家有怎样的反应。
- 在同事的退休派对上，大家通常会说一些关于退休者的好话。不要说不好的话让退休者扫兴。
- 如果你们公司有交换节日礼物的习俗，你们也通过抽签决定了交换礼物的对象，那么你只需给你抽到的那个人准备礼物即可。

- 在节日里，如果大部分同事都特别装饰了他们的工作区域，那么这件本属于个人自愿的事就变成了不能免俗、必须去做的事。如果你不太确定，最好随大流，把你的工作区也装饰起来。

- 在节日里与同事交换礼物通常是自愿的。但如果公司的每个人都参加了，那么，这件本来自愿的事也成了无法免俗、需要你去做的事。

- 如果你们公司安排了特别的节日活动，比如给无家可归者募集礼物、给食品救济站捐献食物等，那么，员工应该都不能免俗也责无旁贷，必须参加活动。也就是说，如果你没有像大家期待的那样参加活动，那么由此带来的不利影响将远大于你不参加活动所能得到的好处。

- 如果公司组织了野餐会，那么也许你可以带家属或一位好友参加。如果你不太确定，先问清楚，再带人前往。

- 如果你去参加与工作有关的社交聚会，而且聚会上有酒的话，注意不要多喝，以免失态。喝醉之后，你可能会说出或做出让自己后悔的事来。

- 如果同事叫你一起凑份子给老板送礼，那么这也是一件不能免俗的事，即使你不情愿，为了自己的利益最大化，你也非参与不可。对此，你不要有任何的消极表示。相反，你最好表现得乐意之至！

※ **活动建议：**

　　成为公司里的社交活动侦探：上面列出了在不同场合、以不同形式出现的社交活动，在你们公司里找找这些活动的踪影。你们公司可能还会通过其他形式向员工发布活动通知。每次遇到这样的活动，你都要学会发掘其中隐藏的含义。方法有很多：你可以观察别人是怎么说、怎么做的，有不懂的地方，还可以请教他们；你也可以在休息或午餐时提起话题，听听别人的看法；你还可以和朋友、家人或职业教练展开讨论。重要的是，你要找出哪些事是"不能免俗"必须参加的，以及相应地，人们期待你有怎样的反应或行为。

避免性骚扰

很多在学习潜规则方面有困难的个体都会对职场性骚扰这一主题深感困惑。性骚扰的法律定义是"**不受欢迎的有性意味的言语、视觉或身体行为，这些严重或广泛存在的行为影响了工作状态或使工作环境变得恶劣**"（具体可参看http://www.equalrights.org/publications/kyr/shwork.asp）。这一网站对定义中的粗体字还有进一步的解释，其中也包含很多关于职场性骚扰的信息。

性骚扰之所以让人费解，是因为同一个行为对不同人会有不同的意义。比如，一位员工对另一位员工说她看起来很漂亮。如果他只说一次，那么这句话可能是赞美。但如果他反复说，那么即使他的本意是赞美，听的人也可能会觉得是一种骚扰。下面几条潜规则可以让你避免陷入性骚扰的困境。

◎ 与避免性骚扰相关的潜规则 ◎

- 如果你告诉同事说她看起来性感火辣，可能会被理解为性骚扰。
- 不要品评人们身体的私密部位，尤其是在工作中。这样做可能会被认为是性骚扰。
- 一般来说，女性之间是可以在公共休息室谈论这方面的话题的，但男性之间却不行。请按照你的性别，遵守相应的规则。

※ **活动建议：**

参加培训：很多公司会组织员工参加以性骚扰为主题的在职培训或会议。如果你们公司正好有这样的培训，无论你是否需要参加，你都应该抓住机会，主动参加学习，扩展你在这方面的知识。

避免称赞他人的外表：如果你分不清赞美和性骚扰的界限，那就索性避免称赞他人的外表。你可以赞美同事的其他方面，比如工作做得好、为他人着想、乐于助人，等等。

小结

只要与另一个人产生交流，社交活动就产生了。每一周，你都会在工作中遇到很多社交活动，涉及无数社交潜规则。随着你不断拓宽对职场潜规则的认识，你会变得越来越自如，也不再重复相同的社交错误了。

学习本章的规则条款只是一个起点。请把它当成一个跳板，去留心观察你工作的地方，看看那里有哪些潜规则。当你越来越擅长发现潜规则，潜规则也会无处遁形，变得越来越明显。到那个时候，作为一名有孤独症和其他社交障碍的员工，你也能更好地适应周围的环境，工作也能变得更加愉快，更有成效！

关 于 作 者

布伦达·史密斯·迈尔斯博士（Brenda Smith Myles, PhD），美国俄亥俄州孤独症及罕见病中心（OCALI）、得克萨斯孤独症"通灵塔集团"（Ziggurat Group）及孤独症军属儿童教育与治疗服务项目顾问，美国孤独症协会杰出专业人士奖、普林斯顿大学奖学金、特殊儿童委员会发展障碍部"伯顿·布拉特慈善奖"获得者。迈尔斯在世界各地做了500场以上以孤独症为主题的报告，写了150多篇文章和书稿。此外，她还担任过美国国家孤独症教师标准委员会联合主席、美国国立精神卫生研究所跨部门孤独症协调委员会战略规划联盟成员，与美国国家孤独症专业发展中心、美国国家孤独症中心以及美国医疗保险和医疗补助服务中心合作鉴别针对孤独症个体的循证实践，还担任过得克萨斯教师孤独症资源指南（TARGET）项目的主管。迈尔斯现在是多家机构的执行委员会成员，包括孤独症研究组织科学理事会（SCORE）和阿斯伯格综合征训练与教育计划（ASTEP）。另外，在得克萨斯大学的一项最新调查中，迈尔斯被认为是全球孤独症应用研究领域第二多产的研究者。

朱迪·恩多（Judy Endow, MSW），社会工作硕士，以孤独症为主题的作家和国际演讲家，任职于美国威斯康星州DPI孤独症培训团，也是孤独症全球倡议（AGI）组织的一员，还是美国孤独症协会威斯康星分会及美国国家孤独症委员会的董事会成员。恩多在威斯康星州麦迪逊市经营着一家私人执业机构，为家庭、学区及其他机构提供咨询服务。她已出版的著作包括《好一杯柠檬水：给孤独症儿童养育者的建议》（*Making Lemonade : Hints for Autism's Helpers*）、《纸上话语：我的孤独症之发现与共生》（*Paper Words : Discovering and Living with My Autism*）、《话语的力量：我们怎样谈论孤独症人士》（*The Power of Words: How we talk about people with autism spectrum disorders matters!*）（DVD）、《给青少年及成人的潜规则日历》（*The Hidden Curriculum Calendar for Older Adolescents and Adults*）（2009，2010）、《克服暴躁行为：孤独症谱系障碍个体支持与干预视觉系统》（*Outsmarting Explosive Behavior : A Visual System of Support and Intervention for Individuals with Autism Spectrum Disorders*）、《稳定谱系障碍学生的实用方法》（*Practical Solutions for Stabilizing Students With Spectrum Disorders*）、《稳定已具备学习能力的典型孤独症学生的实用方法》（*Practical Solutions for Stabilizing Students With Classic Autism to Be Ready to Learn: Getting to Go*）及《一位孤独症成人的潜规则学习之旅》（*Learning the Hidden Curriculum: The Odyssey of One Autistic Adult*）。恩多本人就是一位孤独症人士，她的三个儿子均已成人，其中一位也有孤独症。闲暇时，恩多热衷于用艺术创作——独一无二的陶塑作品和丙烯画表达她的想法和创意。

马尔科姆·梅菲尔德（Malcolm Mayfield），土木工程理学学士，来自澳大利亚阿德莱德市的一名专家、顾问，"孤独症之星"（Autism STAR，一家专门帮助孤独症成人求职并融入职场的公司）创始人。他的职业生涯包括南澳大学土木工程实验室研究员、建筑行业合同管理员。他任职的团队参与了诸多体育场馆、高楼大厦、发电站、住宅楼盘的营建，而他的工作表现也获得了业内各家公司的高度评价。37岁那一年，他确诊为阿斯伯格综合征。他的世界观随之改变，过去生活中令人费解的行为模式终于有了合理的解释。随着孤独症意识的不断增强，他逐渐认识到，自己在成人世界和职场生涯中积累的成功经验也可以为其他孤独症人士所利用。

"孤独症之星"正是在这个自我发现的过程中应运而生的。梅菲尔德的目标是让世界看到孤独症谱系，看到孤独症也是一种优势，善加呵护和培养，它是可以导向成功的。

图书在版编目（CIP）数据

职场潜规则：孤独症及相关障碍人士职场社交指南／（美）布伦达·史密斯·迈尔斯（Brenda Smith Myles），（美）朱迪·恩多（Judy Endow），（澳）马尔科姆·梅菲尔德（Malcolm Mayfield）著；张雪琴译. --北京：华夏出版社有限公司，2022.9

书名原文：The Hidden Curriculum of Getting and Keeping a Job：Navigating the Social Landscape of Employment A Guide for Individuals With Autism Spectrum and Other Social-Cognitive Challenges

ISBN 978-7-5222-0299-0

Ⅰ.①职… Ⅱ.①布… ②朱… ③马… ④张… Ⅲ.①孤独症－心理交往－特殊教育－指南 Ⅳ.①G76-62 ②C912.11-62

中国版本图书馆 CIP 数据核字(2022)第044019号

The Hidden Curriculum of Getting and Keeping a Job: Navigating the Social Landscape of Employment: A Guide for Individuals with Autism Spectrum and Other Social-Cognitive Challenges By Brenda Smith Myles, Judy Endow and Malcolm Mayfield. Original copyright© 2013 by AAPC Publishing, Inc., USA

（Simplified）Chinese edition copyright © 2021 by Huaxia Publishing House Co., Ltd. All rights reserved.

©华夏出版社有限公司　未经许可，不得以任何方式使用本书全部及任何部分内容，违者必究。

北京市版权局著作权合同登记号：图字 01-2022-0897 号

职场潜规则：孤独症及相关障碍人士职场社交指南

作　　者	［美］布伦达·史密斯·迈尔斯 ［美］朱迪·恩多
	［澳］马尔科姆·梅菲尔德
译　　者	张雪琴
策划编辑	薛永洁
责任编辑	许　婷　马佳琪
出版发行	华夏出版社有限公司
经　　销	新华书店
印　　装	三河市少明印务有限公司
版　　次	2022 年 9 月北京第 1 版　2022 年 9 月北京第 1 次印刷
开　　本	720×1030　1/16 开
印　　张	6.75
字　　数	55 千字
定　　价	49.00 元

华夏出版社有限公司　地址：北京市东直门外香河园北里 4 号　邮编：100028
网址：www.hxph.com.cn　电话：（010）64663331（转）

若发现本版图书有印装质量问题，请与我社营销中心联系调换。